U0839538

China's Self-driving Tourism Development:
Analysis and Forecast(2018—2019)

中国自驾游发展报告

（2018—2019）

中国旅游车船协会　编著
刘汉奇　付　磊　主编

SELF-DRIVING
TOURISM

中国旅游出版社

《中国自驾游发展报告（2018—2019）》编委会

本书系列报告是文化和旅游部资源开发司及度假休闲指导处、科技教育司及标准和装备处所支持的课题的重要成果

中国旅游车船协会自驾游与露营房车分会、中国旅游车船协会旅游租赁分会、北京同和时代旅游规划设计院、郴州市文化旅游广电体育局、首汽租赁有限公司、驴妈妈旅游、青岛大学文化旅游高等研究院共同研究和出版

前 言

为全面描述中国自驾游和露营旅游发展状况，剖析问题与制约，揭示规律与趋势，研究对策和政策，从2012年开始，中国旅游车船协会每年组织编制《中国自驾游年度发展报告》。为适应旅居车和露营地这些新业态的兴起，从2017年开始，年度报告更名为《中国自驾车、旅居车和露营旅游发展报告》。2018年,《报告》得到了文化和旅游部资源开发司的支持和指导。

自驾游和露营旅游不是独立存在的，与国民经济、科技进步、社会环境和政策制度息息相关。与往年相比，本年度《报告》增加了对宏观经济、文旅融合、环保治理以及公共交通、新能源、新技术等影响自驾游与露营的新背景和因素的分析，增加了对旅游汽车租赁、露营装备的调查和研究。

《报告》中的数据、观点是通过典型企业座谈、重点地区考察、专家意见征询，依据国内外旅游及国民经济统计数据，并汇总自驾游信息采集点数据、网络调查数据、企业访谈数据、行业统计数据以及研究文献等方式获得，并结合课题组成员的专业判断而形成。

在《中国自驾车、旅居车和露营旅游发展报告》基础上，本书还收录了《露营旅游装备业发展现状与趋势》和《旅游汽车租赁业发展现状与趋势》两个专题报告。其中，前者是在文化和旅游部科技教育司委托的课题《露营旅游装备“十三五”总结和“十四五”发展趋势研究》的基础上形成；后者是在中国旅游车船协会旅游租赁分会的年度课题上形成。

2019年，文化和旅游部发布了《自驾游目的地等级划分》LB/T 077和《自驾车旅居车营地质量等级划分》LB/T 078两个旅游行业标准。结合之前出台的露营地、自驾游服务等相关国家标准、行业标准和地方标准，基本上形成了点、线、面结合的标准体系。为此，本书组织了对这两个标准的专业解读。

科研立本，标准立足，会员立身，服务立命，这是中国旅游车船协会多年形成的经验和方法。期盼这些成果为大家继续带来启发和感悟！

刘汉奇

中国旅游车船协会自驾游与露营房车分会 秘书长

2020 年 2 月

CONTENTS

目录

中国自驾车、旅居车和露营旅游发展报告 2018—2019

第一部分　背景 / 001

第二部分　动向 / 006

第三部分　讨论 / 020

第四部分　展望 / 028

结束语 / 037

露营旅游装备业发展现状与趋势

一、“十三五”发展总结 / 039

二、“十四五”趋势分析 / 048

旅游汽车租赁业发展现状与趋势

一、发展背景 / 059

二、现状调查 / 061

三、趋势展望 / 071

《自驾游目的地等级划分》LB/T 077 解读

一、出台背景 / 077

二、结构和适用范围 / 079

三、主要概念界定 / 081

四、等级划分和依据 / 083

五、必备条件 / 083

六、一般条件 / 085

结束语 / 110

《自驾车旅居车营地质量等级划分》LB/T 078 解读

一、出台背景 / 111

二、结构和适用范围 / 112

三、主要术语和定义 / 113

四、等级划分和依据 / 114

五、必备条件 / 115

六、一般条件 / 117

结束语 / 137

自驾游标准化的郴州实践

一、郴州市自驾游发展情况 / 138

二、自驾车旅居车旅游发展情况 / 140

中国自驾车、旅居车和露营旅游发展报告 2018—2019①

中国旅游车船协会、北京同和时代旅游规划设计院、郴州市文化旅游广电体育局、驴妈妈旅游、青岛大学文化旅游高等研究院

第一部分　背景

2018 年和 2019 年，中国经济和贸易遇到不确定性，自驾游、旅居车和露营旅游面临一些新的背景因素。这些新背景、新因素与既有需求、供给主线交织在一起，对发展速度、质量乃至方向都产生了重要影响。

1.1　经济稳中有变

2018 年中国经济充满了意外。在经历了 2017 年的超预期增长之后，国际国内对中国经济有了更高预期。然而，中美贸易摩擦、金融去杠杆、民营经济遇困等问题也相继出现，一些关键经济金融数据创十年甚至历史新低。外部不确定性与内部高质量发展面临的痛点、难点问题交织在一起，经济增长放缓趋势得到确认。在这种局势下，“稳”成为主题词。中共中央政治局 2018 年 7 月 31 日召开会议指出，经济运行稳中有变，面临一些新问题新挑战，要做好稳就业、稳金融、稳外贸、稳外

① 本报告为文化和旅游部资源开发司支持课题的重要成果，得到度假休闲指导处的具体指导。

资、稳投资、稳预期工作。

进入 2019 年，中美贸易摩擦继续升级，成为影响中国经济以及全球经济的最大不确定因素。根据中国社会科学院《经济蓝皮书春季号：2019 年中国经济前景分析》，由于经济结构性问题、地缘政治问题、资源错配问题等没有得到根本解决，全球经济陷入了低效率发展路径，中美贸易摩擦给中国经济带来一定的下行压力，预计 2019 年中国经济增长 6.4% 左右，增速比上年小幅回落。

受经济放缓影响，汽车销售增长也放缓，但中国距离汽车保有量第一大国只有咫尺之遥。据公安部统计，2018 年机动车保有量达 3.27 亿辆，其中汽车 2.4 亿辆，小型载客汽车首次突破 2 亿辆；机动车驾驶人突破 4 亿人，其中汽车驾驶人 3.69 亿人。从分布情况看，全国有 61 个城市的汽车保有量超过百万辆，有 27 个城市超 200 万辆，其中，北京、成都、重庆、上海、苏州、郑州、深圳、西安等 8 个城市超 300 万辆，天津、武汉、东莞 3 个城市接近 300 万辆。

1.2 文旅深度融合

2018 年 4 月 8 日，文化和旅游部正式挂牌；到 2019 年上半年，全国各省区市完成了文化和旅游机构改革，文旅融合在广度和深度上持续推进。2019 年 1 月召开的全国文化和旅游厅局长会议，确定了文旅融合发展总思路：“宜融则融、能融尽融”，找准文化和旅游工作的最大公约数、最佳连接点，推动文化和旅游工作各领域、多方位、全链条深度融合，实现资源共享、优势互补、协同并进，为文化建设和旅游发展提供新引擎新动力，形成发展新优势。

按照这个思路，在业态融合方面，实施“文化 +”“旅游 +”战略，推动文化、旅游及相关产业融合发展，培育新业态；产品融合方面，建立一批文化主题鲜明、文化要素完善的特色旅游目的地，推出更多研学、寻根、文化遗产等专题文化旅游线路和项目。协同推进公共文化服务和旅游公共服务、为居民服务和为游客服务，发挥综合效益。探索建设、改造一批文化和旅游综合服务设施，推动公共文化设施和旅游景区的厕所同标准规划、建设、管理。推动公共服务进旅游景区、旅游度假区，构建主客共享的文化和旅游新空间。

1.3 落实脱贫攻坚

2018 年 7 月，国家发改委印发《“三区三州”等深度贫困地区旅游基础设施改造升级行动计划（2018—2020 年）》；10 月，国家发改委办公厅、文化和旅游部办公厅印发《“三区三州”等深度贫困地区旅游基础设施提升工程建设方案》，进一步加强“三区三州”等深度贫困地区的旅游基础设施和公共服务设施建设，推进旅游业发展，促进民族交往交流交融和脱贫致富。支持旅游咨询中心，区域性旅游应急救援基地，游客集散中心、集散分中心及集散点，旅游交通引导标识系统，旅游数据中心，景区到交通干线的连接路，景区内的道路、步行道、停车场、厕所、供水供电设施、垃圾污水处理设施、消防设施、安防监控设施、解说教育系统、应急救援设施、游客信息服务设施以及环境整治等建设。

2019 年 1 月，文化和旅游部、国务院扶贫办共同主办了“三区三州”旅游大环线推介活动。“三区三州”旅游大环线全长约 1.1 万公里，以 G30、G314、G3012、G219、G318、G214、G213 等核心公路段为支撑，以青藏高原区为核心，以兰州、乌鲁木齐、成都、拉萨、昆明、西宁 6 个城市为中心，以敦煌、喀什、林芝、大理为次级中转枢纽，串联丝绸之路、茶马古道、唐蕃占道等历史文化和自然风情并重的传统路线，以及新藏公路、珠穆朗玛峰、三江并流等高海拔旅行的极限体验和多元民族历史文化线路。大环线设置了 4 条支线线路、6 条主题线路、56 条世界级徒步旅游线路。

1.4 全域旅游验收

全域旅游是指在一定区域内，以旅游业为优势产业，通过对区域内经济社会资源尤其是旅游资源、相关产业、生态环境、公共服务、体制机制、政策法规、文明素质等进行全方位、系统化的优化提升，实现区域资源有机整合、产业融合发展、社会共建共享，以旅游业带动和促进经济社会协调发展的一种新的区域协调发展理念和模式。

国务院总理李克强在 2017 年政府工作报告中明确提出，要“完善旅游设施和服务，大力发展乡村、休闲、全域旅游”。这是“全域旅游”首次写入政府工作报告。2018 年政府工作报告中提出要“创建全域旅游示范区”。2019 年把“发展全域旅游，壮大旅游产业”写入政府工作报告。2018 年 3 月，国务院办公厅印发《关于促进全域旅游发展的指导意见》，就推动旅游业转型升级、提质增效，全面优化旅游发展环境，走全域旅游发展的新路子进行部署。

截至 2018 年年底，有 500 多个全域旅游示范区创建单位，覆盖全国 31 个省（区、市），其中海南、宁夏、山东、贵州、陕西、河北、浙江等 7 个省区为省级创建单位。2019 年 3 月，文化和旅游部办公厅发出《关于开展首批国家全域旅游示范区验收认定工作的通知》，认定对象为通过省级文化和旅游行政部门初审验收的国家全域旅游示范区县级创建单位、地级创建单位所辖区县和直辖市所辖区县创建单位。

经过地方初审验收，文化和旅游部采取会议评审和第三方检查的方式，对全国 96 家创建单位进行了认定。经过公示，全国共有 71 家创建单位被认定为首批国家全域旅游示范区。

1.5　规范发展和生态保护

与自驾游和露营旅游相关的、最重要的制度是规划、用地和生态保护，这是自驾游和露营活动、服务设施建设和规范运营的前置性条件，必须遵循和满足的基础规则。

2019 年 5 月，中共中央、国务院《关于建立国土空间规划体系并监督实施的若干意见》指出，到 2020 年，基本建立国土空间规划体系，逐步建立“多规合一”的规划编制审批体系、实施监督体系、法规政策体系和技术标准体系；基本完成市县以上各级国土空间总体规划编制，初步形成全国国土空间开发保护“一张图”。到 2025 年，健全国土空间规划法规政策和技术标准体系；全面实施国土空间监测预警和绩效考核机制；形成以国土空间规划为基础，以统一用途管制为手段的国土空间开发保护制度。到 2035 年，全面提升国土空间治理体系和治理能力现代化水平，基本形成生产空间集约高效、生活空间宜居适度、生态空间山清水秀，安全和谐、富有竞争力和可持续发展的国土空间格局。

2019 年 5 月，自然资源部办公厅印发的《产业用地政策实施工作指引（2019

年版)》中，对于《关于促进自驾车旅居车旅游发展的若干意见》(旅发〔2016〕148号)中关于自驾车旅居车营地的用地政策依然实施：对自驾车旅居车营地的特定功能区，使用未利用地的，在不改变土地用途、不固化地面的前提下，可按原地类管理；选址在土地利用总体规划确定的城镇规划区外的自驾车旅居车营地，其公共停车场、各功能区之间的连接道路、商业服务区、车辆设备维修及医疗服务保障区、废弃物收纳与处理区等功能区可与农村公益事业合并实施，依法使用集体建设用地。

“生态保护红线”是指在自然生态服务功能、环境质量安全、自然资源利用等方面，需要实行严格保护的空间边界与管理限值，以维护国家和区域生态安全及经济社会可持续发展，保障人民群众健康。“生态保护红线”是继“18亿亩耕地红线”后，另一条被提到国家层面的“生命线”。2018年全国有15个省份完成了生态保护红线划定工作，其他16个省份生态保护红线划定方案待国务院批准后由省级人民政府对外发布。初步估计全国生态保护红线面积比例将达到或超过占国土面积25%左右的目标。根据相关发布，2019年第二轮中央生态环境保护督察将继续创新方法，加大卫星遥感、红外识别、无人机、大数据等技术应用，重点查找大尺度的生态环境问题，更加关注“山水林田湖草”生命共同体。

1.6 小结

从背景因素看，中美贸易摩擦无疑是最为关键的变数。目前阶段，自驾车、旅居车和露营旅游呈现出典型的需求驱动型特征。中美这两个最大经济体之间的摩擦和争端，无论是通过收入、价格、成本，还是进出口和消费信心，都会传导到终端消费。这是最大的不确定性。

2018年开始，从上而下的机构改革，无疑会从管理、规范、制度等方面带来影响。文旅融合、扶贫攻坚、全域旅游，对于自驾游和露营而言，都是利好因素。多规合一、规范用地和生态保护之所以被认为有“利空”影响，是因为作为新兴事物，制度建设还存有空白和灰色区域，建设和运营也有“擦边球”和投机行为。这是客观存在的问题。

世界上唯一不变的就是变化本身。这在2018年和2019年表现得最为突出。背景本身就在变化。这对于尚处在发展初期的自驾车、旅居车和露营旅游而言，虽然有影响，但相比那些成熟行业和业态，影响程度要小。

变化中蕴藏机遇。自驾车、旅居车和露营旅游的外向性不强，对外依存度不高，内需驱动是主要动力。在这种背景下，利用不确定性带来的热点转换，多部门共建带来的政策红利，取长补短，乘势而上，跨上一个更高更好的台阶，是完全可行的。

第二部分　动向

2018 年，在文旅融合、全域旅游等背景下，全国自驾车、旅居车和露营旅游领域，既有数量、速度、结构等方面的发展延续，也呈现出新的特点和亮点。

2.1　市场稳定增长

2018 年，全国自驾游规模保持两位数增长，依然是国民旅游的主体形态。旅居车消费增长快速，进入 10 万 + 区间；露营地数量保持稳定，旅居车消费、露营旅游人群稳步增长，需求驱动的特点依然突出。

2.1.1　旅游市场

根据中国旅游研究院、旅游数据中心的信息，2018 年，国内旅游市场持续高速增长，入境旅游市场稳步进入缓慢回升通道，出境旅游市场平稳发展。

2018 年全年，国内旅游人数 55.4 亿人次，比上年同期增长 10.8%（见图 1–1）；出入境旅游总人数 2.91 亿人次，同比增长 7.8%；全年实现旅游总收入 5.97 万亿元，同比增长 10.5%。经测算，全年全国旅游业对 GDP 的综合贡献为 9.94 万亿元，占 GDP 总量的 11.04%。旅游直接就业 2826 万人，旅游直接和间接就业 7991 万人，占全国就业总人口的 10.29%。

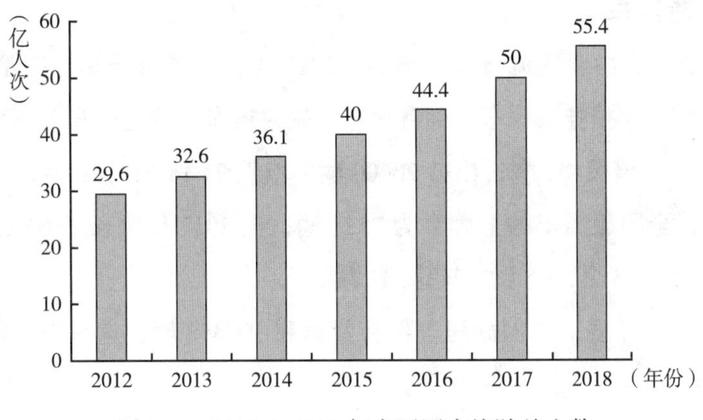

图 1–1　2012—2018 年全国国内旅游总人数

2.1.2　自驾游

中国旅游车船协会根据对样本旅游城市、旅游景区、露营地和自驾游俱乐部的综合调查结果测算，2018 年中国自驾游人数平稳增长，总人数达到 35 亿人次，比上年增长 12.9%，占国内出游总人数的 63%（见图 1–2）。

结合近三年的自驾车出游人数调查统计情况，自驾出游人数持续增长，占国内旅游人数的比例分别为 47.7%、60%、63.1%（见图 1–2）。

从地域上来看，因经济发展水平、交通基础设施、旅游资源等不同，各省区市的自驾游人数占比也有差异，但均已超过了 50%。

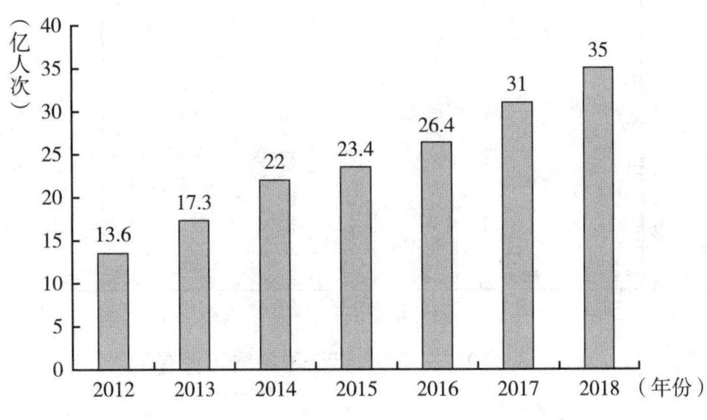

图 1–2　2012—2018 年全国自驾游总人数

2.1.3 旅居车

中国旅游车船协会的调查数据显示，2018 年，全国旅居车总销量为 51626 辆（包括自行式房车、拖挂式房车、商务房车、帐篷房车及营地房车），其中国内销售 31026 辆，比上年增长 48.9%；出口 20600 辆，增长 21.18%；

2018 年，全国旅居车的上牌数为 7521 辆，比 2017 年增长了 66.21%；工信部公示的房车品牌 113 个，公示的车型 341 款。

截至 2018 年年底，中国旅居车保有量达到 100458 辆，这是首次超过 10 万辆大关（见图 1–3）。

从旅居车保有量上看，2018 年是标志性的一年。从发展规律看，从 0 到 1 是最难的阶段，一旦突破后，从 1 到 10，再到 100，就会呈现出加速态势。

2018 年 9 月，中共中央、国务院《关于完善促进消费体制机制进一步激发居民消费潜力的若干意见》中明确提出，支持邮轮、游艇、自驾车、旅居车、通用航空等消费大众化发展，加强相关公共配套基础设施建设。

可以预见，随着基础设施和公共服务的提升，消费理念的普及，生产能力的提高，管理制度的优化，旅居车的销售量也将迎来爆发式增长，中国成为世界旅居车消费大国乃至强国也是可以期待的。

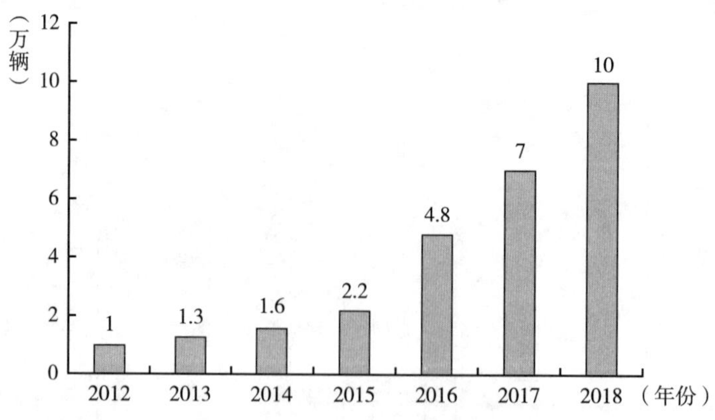

图 1–3　2012—2018 年全国旅居车保有量

2.1.4 汽车租赁

2019 年一季度，中国旅游车船协会旅游租赁分会面向全国旅游汽车租赁行业对 2018 年情况进行了调查。

参调企业在业内具备一定规模和代表性；民营企业占到 85.8%，100 人以下规模的企业占到 81%。旅游汽车租赁业务营收占到参调企业全部营收的 9.8%，在整体亏损的情况下实现板块业务盈利，板块净利润率达到 36.6%。从总体看，旅游用车租赁业务的营收占比尚不足一成，但盈利能力毋庸置疑，显示出未来空间广阔、潜力巨大（见图 1–4）。

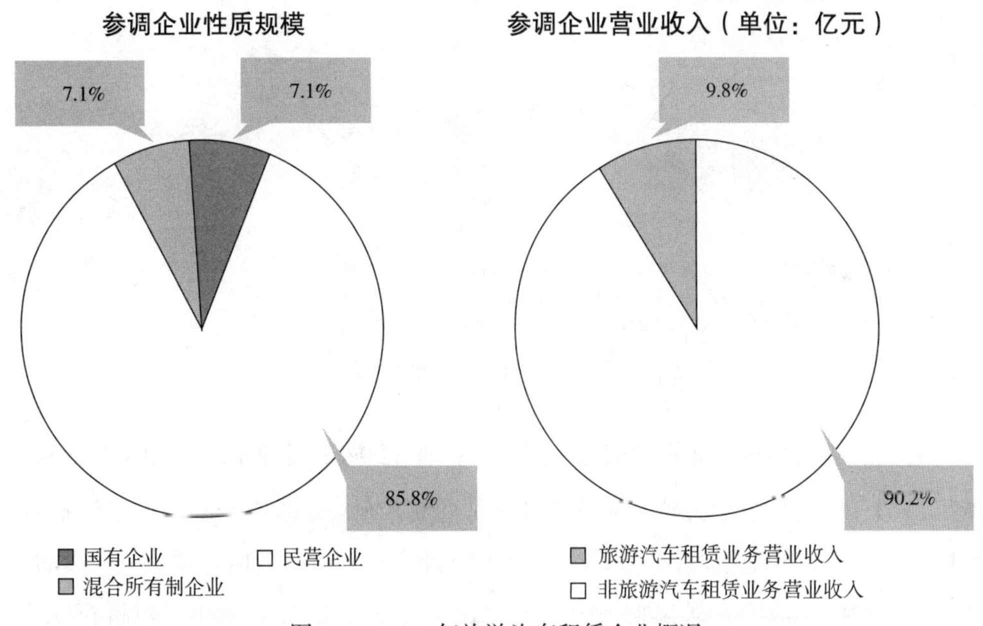

图 1–4 2019 年旅游汽车租赁企业概况

在业务类别及其所占比重方面，23.8% 的参调企业表示其旅行社、学校或公司团体租车业务占比低于 5%，自驾租赁业务几乎占据其全部业务比例；64.3% 的参调企业表示其旅行社、学校或公司团体租车业务占比从 5% 到 40% 不等，其余部分则为自驾租赁业务；11.9% 的参调企业表示其旅行社、学校或公司团体租车业务占比超过半数，从 50% 到 70% 不等，剩余部分则为自驾租赁业务（见图 1–5）。

通过数据可以看出：国内多数的旅游汽车租赁企业的业务重心已从团体包车为

主转变成为旅游自驾业务为主。自驾游租赁业务占比不断增加，是近年来旅游汽车租赁企业业务结构的主要特点。

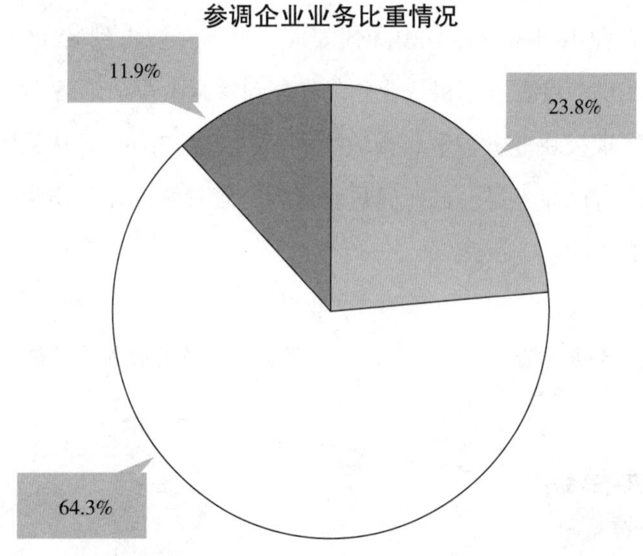

图 1–5　旅游汽车租赁企业业务结构 2019

有 35.7% 的参调企业布局国内一线城市；有 42.9% 的企业辐射国内主要的省会城市；7.1% 的企业已经完成对全部省会城市的业务布局；52.4% 的企业业务触手可达所在省内主要各地级城市；14.3% 的企业已经完成对所在省内全部地级城市的业务布局。数据显示：省内主要地级城市、国内主要省会城市及国内一线城市是旅游汽车租赁业务的主要布局地点。

有 85.7% 的参调企业可提供本地还车的自驾租赁服务；半数参调企业可提供异地还车服务；57.1% 的企业为旅行社提供含司机的旅游汽车租赁服务；69% 的企业为学校、公司、团体提供含司机的旅游汽车租赁服务；另有 7.1% 的企业提供包括深港跨境车等在内的特种汽车租赁服务。

2.1.5　露营地

“十三五”时期是营地建设的集中期。按照《关于促进自驾车旅居车旅游发展的若干意见》(旅发〔2016〕148 号),“到 2020 年建成各类自驾车旅居车营地 2000 个”。

根据中国旅游车船协会的调查，截至 2018 年年底，全国建成营业的自驾车旅居车营地有 540 家，在建的自驾车旅居车营地约有 388 家；合计 928 家(见图 1–6)。

根据对 50 家露营地的抽样调查，2018 年每个营地的平均接待量为 5 万人 / 年。由此推测，2018 年建成营业的 540 家自驾车旅居车营地的接待规模为 2700 万人左右。

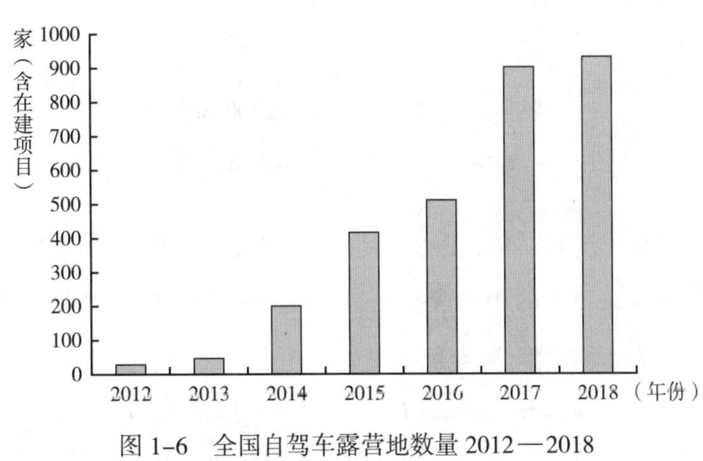

图 1–6 全国自驾车露营地数量 2012—2018

2.2 结构优化调整

2.2.1 驴妈妈在线数据

2018 年，在驴妈妈自驾游用户中，33~37 岁的用户所占比例最大，占总用户数 43.7%，以有稳定的经济来源的中产家庭为主；另外，18.2% 的用户为 53~57 岁的“候鸟族”老人，有充足的休闲时间及经济基础，有较强烈的出游需求(如南下避寒等)。自驾游用户结构呈“两极化”态势。

根据驴妈妈旅游出行大数据，“北上广”仍是自驾游出行头部城市。上海在自驾游出发城市中占据首位。以南京、成都、武汉、沈阳为代表的新一线城市，经济发展迅速，收入水平提高，出游意愿强烈，逐渐加入自驾出游主力军队伍。

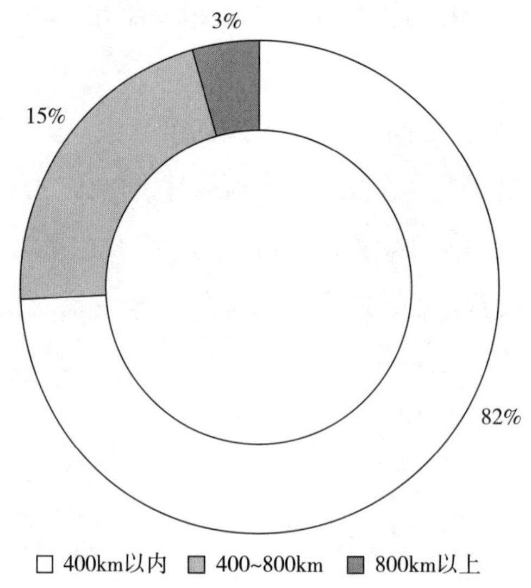

图 1–7　2018 年驴妈妈自驾游用户出行距离结构

驴妈妈数据分析表明，400km 以内的周边自驾游为用户选择主流，占所有自驾游出行消费的 82%；15% 的用户选择距出发地 400~800km 的自驾游目的地，超过 800km 的自驾出游仅占比 3%（见图 1–7）。

2018 年驴妈妈自驾游用户周边游玩时间平均为 1.8 天 / 次，每年每人平均出游 6.3 次，人均消费金额为 617.4 元。驴妈妈自驾游用户复购率高达 73.7%，高频次、高消费、高复购成为周边自驾游用户的行为特性。

根据驴妈妈数据，58.4% 的自驾游用户为 3~5 人共同出行，以一家老小或家庭组合出行为主；31% 的用户为 1~2 人出行，情侣游、闺蜜游成主流。

2018 全年的出游仍然以节庆放假为重要导向，在 2 月、4 月、5 月、10 月出现自驾游高峰；其中，暑期为亲子自驾出游的重要时间节点。全年的购买曲线走向较出游前置，走向趋势与出游基本保持一致（见图 1–8）。

与往年相比，自驾游的决策期呈缩短趋势。其中周边自驾游平均决策期为 4.5 天左右，而中长线自驾游平均决策期为 22 天。决策期的缩短现象表示自驾游用户追求自由个性化的出游体验，越来越崇尚“说走就走的旅行”。

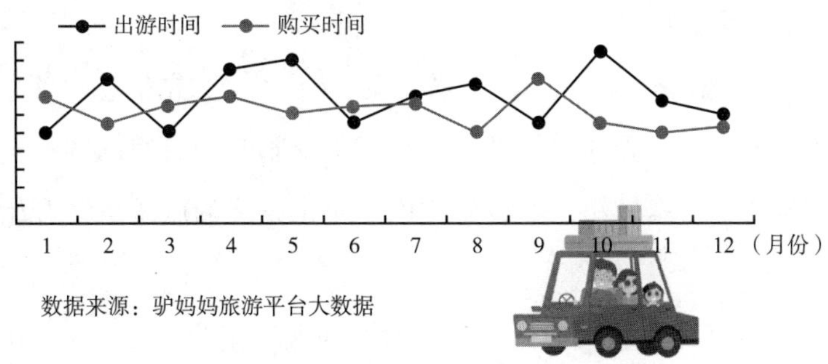

图 1–8　2018 年驴妈妈自驾游用户出行时间分布

2.2.2　目的地和出游

根据中国旅游车船协会 2019 年收集的 30 个旅游城市 2018 年的数据信息：

自驾游游客占国内旅游接待量的比重，最低的为 51%，最高的为 75%，平均比重为 69%，比 2007 年提高了一个百分点；自驾游人均花费为 1062 元，比总体人均花费高 10.8%；自驾游人均停留时间 2.97 天，比总体人均停留时间长 6%。可见，自驾游对目的地发展的综合贡献度非常明显（见图 1–9）。

对这 30 个城市的抽样信息显示，2018 年本地居民人均自驾车出游次数为 3.7 次，出游距离为 528 公里，出游天数为 3.6 天。与 2017 年相比，出游次数基本持平，出游距离延长了 14%，停留时间延长了 50%。从数据上看，2、3 天的中短距离的休闲游依然是自驾游市场主体。

从对自驾游俱乐部的调查情况看，2018 年周末自驾车出游的距离明显加长，异地游的比重也明显增多。

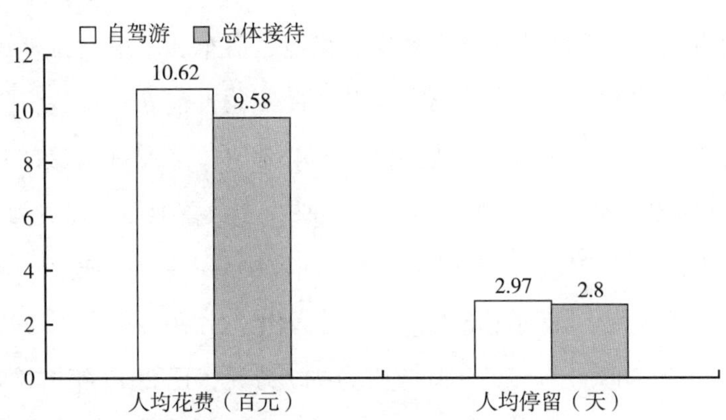

图 1–9　2018 年自驾游与总体接待的消费比较

2.2.3 旅游景区接待

2019 年中国车船协会收集了 30 个景区在 2018 年的数据信息。信息显示，周边自驾游接待依然是主体，异地自驾游比重略有下降，其中有组织的自驾游比例下降明显；旅居车接待量依然较小；在设施方面，越来越多的旅游景区开始配置自驾车露营地。

根据调查，2018 年景区接待的自驾车游客的人均花费为 217 元，平均停留时间为 9.2 小时。景区接待的异地自驾车游客的比重平均为 32%，这其中的 25% 为有组织的自驾游；景区在 2018 年的旅居车平均接待量为 277 辆。

2.3.4 露营地接待

2019 年中国车船协会收集了 50 家营地在 2018 年的数据信息。

▶ 投资规模：平均投资额为 7091 万元，平均占地面积为 509 亩。这两项数据与 2017 年相比均有所下降。

▶ 接待能力：平均最大接待人数为 870 人 / 天，每个营地单次可接待用餐人数平均为 664 人。

▶ 预订方式：100% 接受电话预订；有 34 家接受电话和网络预订，占 68%；有 6 家接受三种方式（电话、网络、App）预订，占 13%；有 2 家接受微信公众号平台预订。

▶ 营位数量：平均总营位数量为 368 个，平均每个营地有自驾车营位 159 个，旅居车营位 68 个，帐篷营位 151 个，木屋或集装箱营位 18 个。这些数据均比 2017 年有明显增长。

▶ 其他设施：26% 的营地除自驾车、帐篷、房车和木屋营位外还有其他宿营设施，如贝壳房、树屋、星空体验屋、联排别墅、蒙古包等。

▶ 游客类型：主要客群年龄集中在 18~40 周岁，约占总人数的 65%；其次，年龄在 40~50 周岁（女）/60 周岁（男）的 36%；多数营地男女比例为 3∶2。

▶ 营业收入：由于规模、类型和主体不同，接待人数差异较大。多数营地年接待量在 2 万 ~8 万人次；年均接待人数为 5 万人次，比 2017 年增长 22%。收入差异也较大，为 300 万 ~1500 万元，年均收入为 717 万元，比 2017 年增长 8%。

▶ 娱乐活动：除了提供营位外，均提供休闲活动和娱乐项目，其中儿童游乐设施和亲子项目居多；38% 的营地提供采摘、真人 CS、全地形车等活动，超过 59% 的营地有篝火晚会、特色节会。

2.3 自驾游线路爆发

根据中国旅游车船协会收集的 30 家自驾游俱乐部信息，2018 年俱乐部会员自驾游的人均花费在 7977 元左右，平均出游距离为 2565 公里，平均出游天数为 11 天，大型自驾游活动平均 4.6 次。其中大型自驾游活动基本上都是依托自驾游线路开展的。

综合 2018 年和 2019 年的市场情况，自驾游线路由过去的行业协会或媒体评选，转化成为各省区市乃至全国旅游公共推广的主流内容。在中西部地区，自驾游线路与旅游扶贫结合在一起，成为旅游目的地建设和营销推广的亮点和热点，湖南、山西、广东、陕西、云南、四川、新疆等省区发布了与扶贫攻坚紧密相关的自驾游精品线路。涌现出北京行天下汽车俱乐部、郴州市自驾游与露营房车协会、山东追风行者自驾俱乐部、山西房车俱乐部等一批依托自驾游线路和产品深度参与扶贫活动的自驾游组织和服务机构。

2019 年 4 月 27 日，文化和旅游部主办的“心灵四季・美丽中国”盛夏旅游推广季启动仪式上，重点推出了红色研学、乡村民宿、自驾露营等专题旅游产品，其中“三区三州”旅游大环线宣传推广联盟、中国旅游车船协会自驾游与露营房车分会、驴妈妈集团等联合，共同推进“三区三州”旅游大环线产品落地。

2018 年 6 月 8 日在第七届全国（郴州）自驾车旅游发展峰会上，中国旅游车船协会在湖南省郴州市发布了“中国南方 10 条房车旅游精品线路”，湖南省文化和旅游厅推出了“神奇大湘东自驾旅游 1 号公路”和以“湘南起义”为主线的湘粤赣红三角精品自驾线路。

2018 年 10 月中国（济南）自驾游大会，山东省文化和旅游厅发布“好客山东自驾 1 号路和 2 号路”：1 号路以 G3 京台高速公路为纵贯齐鲁南北旅游主线，2 号路以 G22 青兰高速和 G20 青银高速为横穿东西的旅游主线。

2019 年 5 月，内蒙古自治区文化和旅游厅在北京发布“72 小时自驾内蒙古”品牌及 20 条轻自驾线路，面向京津冀城市群、陕甘晋宁城市群、黑吉辽城市群和全国落地自驾客群的实际需求，提炼不同的自驾主题，如草原文化深度体验之旅、万里茶道文化自驾之旅等（见表 1–1）。

表 1–1　2018 年全国部分自驾游线路

线路名称	途经城市	行程（km）	天数
川藏南线（G318）	成都、康定、林芝、拉萨等	约 2159	11
川藏北线（G317）	成都、甘孜、昌都、拉萨等	约 2142	11
西北精华线路	兰州、青海湖、德令哈、张掖等	约 3280	8
北疆环线	乌鲁木齐、赛里木湖、伊犁、吐鲁番等	约 3280	9
南疆环线	乌鲁木齐、库尔勒、阿克苏、喀什等	约 4470	12
川西小环线	成都、塔公草原、新都桥、海螺沟等	约 950	5
川西大环线	成都、康定、香格里拉、稻城、雅江	约 1650	9
青海 – 甘南小环线	兰州、贵德、祁连、西宁等	约 1450	6
青藏线	西宁、茶卡、唐古拉山口、拉萨等	约 1950	10
浪漫湘西	长沙、张家界、凤凰等	约 1451	5
风情草原	北京、承德、达来诺尔湖、张家口等	约 1800	7
彩云之南	成都、西昌、丽江、昆明等	约 2700	7
三晋风情	北京、平遥、五台山、大同等	约 1434	6
神奇大湘东	郴州、株洲、长沙、岳阳等	约 1000	7
湘粤赣红三角环线	郴州、赣州、韶关等	约 600	5
山水江南	杭州、雁荡山、温州等	约 991	7
浪漫广西	南宁、银滩、涠洲岛、北海等	约 1000	6
云贵大穿越	昆明、普者黑、黄果树、贵阳等	约 1280	6
东北小环线	沈阳、丹东、通化、长春等	约 1480	7

注：根据线上线下相关信息汇总整理。

2.4 节会丰富多样

根据中国旅游车船协会的调查，2018 年，15 家省级自驾游和露营协会组织的自驾游露营展览或交易会平均为 3.25 次。经过多年探索，自驾游和露营节会历经磨炼，逐渐走向理性，不再一哄而上。2018 年，北京、南京、上海、太原等自驾游、旅居车和露营展会保持了吸引力和影响力。厦门、合肥、成都、昆明等地的旅游交易会和展览会，也把旅居车、露营作为重要内容。

总体看，文化和旅游领域的自驾游和露营节会依然是主体。2018 年在太原举行的中国（山西）国际房车露营博览会的成交额超过 1 亿元。2019 年在北京举行的第 18 届中国（北京）国际房车露营展览会，总展出面积超过 10 万平方米，参展企业达 400 余家，展出旅居车 1000 余台，参观人数达 10 万余人次。

自“越野 e 族英雄会”2011 年落户阿拉善以来，已成为集竞技运动、文化展示、沙漠探险、度假体验、沙漠游览于一体的旅游大聚会。2018 年第 13 届阿拉善英雄会更加具有“国际范儿”，吸引了中国、意大利、西班牙、德国、巴西、哥伦比亚、法国等国家和地区的十余万宾客参与。2018 年 6 月，中国旅游车船协会和郴州市政府联合在湖南省郴州市举办了首届中国南方露营大会。

2018 年，体育领域的露营节会兴起。国家体育总局登山运动管理中心、中国登山协会分别在广东、新疆举办多站全国露营大会；中国汽车摩托车运动联合会等在安徽芜湖举办第五届中国汽车（房车）露营大会；甘肃省社会体育管理中心等举办丝绸之路国际露营大会。

2018 年，交通与自驾游、露营结合的节会活动也开始呈现。12 月 6 日，中国公路学会在苏州举行第二届中国旅游交通大会，首届旅游交通大会是 2017 年 11 月在海南博鳌举行的。

2.5 制度化标准化

2.5.1 自驾游入法

自驾游入法是近年来重要的事件和动向。进入“十三五”后，多个省区市对旅游条例进行了修订，将自驾游和露营作为条例的重要内容，结合自身特点提出了相应的要求。

例如,《广东省旅游条例》第三十六条规定，县级以上人民政府应当推动建设自驾车房车营地、自驾游基地，完善自驾旅游服务保障体系，为自驾车旅游者提供道路指引、信息咨询、医疗救助、安全救援等方面的服务。《山东省旅游条例》第十一条规定：设区的市和重点旅游县（市、区）人民政府应当统筹规划和建设旅游集散中心、汽车旅游露营地、汽车租赁服务站等旅游公共服务设施。

《江苏省旅游条例》对自驾游和露营的要求最为全面，其中包含了标准化的内容，第二十条规定：县级以上地方人民政府应当规划建设房车露营地、自驾游基地，完善自驾旅游服务保障体系，为自驾旅游者提供道路指引、医疗救助、安全救援等方面的服务。鼓励旅游经营者开发自驾旅游产品，鼓励汽车租赁公司开展异地还车业务。省人民政府有关部门应当加强对落地自驾旅游的政策支持，促进落地自驾旅游管理制度化和服务标准化。

2.5.2 标准体系形成

进入 2018 年，自驾游和露营领域的标准化持续推进。2019 年 4 月,《自驾游线路质量等级划分》旅游行业标准立项；9 月，文化和旅游部发布了《自驾游目的地等级划分》和《自驾车旅居车营地质量等级划分》两项行业标准，正式开始实施推广。

2018 年 10 月，湖南省市场监督管理局发布了郴州市文化旅游广电体育局制定的《旅游目的地自驾游与房车露营公共信息图形符号》地方标准；2019 年 3 月,《自驾游活动组织操作服务指南》《自驾游导航员服务质量要求》《自驾旅游路书编写技术规范》三项湖南省地方批准获得立项。2019 年 1 月，青海省市场监督管理局发布了青海省文化和旅游厅制定的《自驾车旅游营地建设规范》《风景道等级划分与评定》两项地方标准。

结合之前出台的露营地、自驾游服务等相关国家标准、行业标准和地方标准，关于自驾车、旅居车和露营旅游，已经形成了点、线、面结合的标准体系。可以这样说，到 2019 年，自驾游、露营领域的标准体系基本形成。

回顾自驾游与露营的标准化历程，从最初的自驾游俱乐部、露营地，到目的地基础设施与公共服务，再到目的地与露营地等级，再到自驾游线路，非常明显地呈现出从点到面，从企业尝试到政府促进，从商业经营服务到目的地公共服务的动态演进过程，这与自驾游、露营活动从自发到自觉，宏观管理从支持促进到统筹协调的转变是分不开的，标志着自驾游和露营正式进入品质化发展和目的地统筹的新阶段。

2.6 多方共建大露营

根据国际经验，露营是一个大产业，除了露营地，还包括旅居车、水电桩、帐篷、户外用品、移动卫生间、垃圾收集处理、木屋等设施和装备，以及教育、培训、节会、旅游等多个子行业。欧美发达国家的常态露营人口比例都超过 10%。我国的露营业在自驾游、冬夏令营、游学以及户外运动需求飞速发展背景下，也进入膨胀阶段。从“十二五”开始，露营快速进入到城市居民家庭生活，尤其是成为周末近郊游、青少年夏令营的重要形态。进入“十三五”，露营活动、露营地则进入旅游、体育、交通、教育等部门统筹管理的范围。

2018 年 3 月，国家体育总局办公厅发布《关于加快推动汽车自驾运动营地产业发展的通知》，要求到 2020 年每省（区、市）至少建成 50 家专业性强、基础设施完善的汽车自驾运动营地，初步形成“三圈三线”自驾线路和汽车自驾运动营地网络体系。到 2025 年每省（区、市）力争建成 300 家汽车自驾运动营地。

根据《中国汽车自驾运动营地星级评定办法》，中国汽车摩托车运动联合会 2018 年评定了途居芜湖龙山露营地等 22 家单位为“五星级汽车自驾运动营地”，芜湖红杨山房车露营地等 8 家单位为“四星级汽车自驾运动营地”，马鞍山含山鸣鹿堂房车露营地等 4 家单位为“三星级汽车自驾运动营地”。

2018 年 4 月，国家体育总局办公厅关于印发《全国青少年户外体育活动营地建设规范及器材目录》的通知，规范规定了青少年户外体育活动营地的规划、基础设置、公共服务设施、专项设施、服务、安全、卫生、医疗救护、资源和环境的保护、综合管理等方面的基本要求。

2018 年 6 月，教育部办公厅发布《关于开展“全国中小学生研学实践教育基（营）地”推荐工作的通知》，规定了研学实践教育营地的 7 条推荐条件，例如，能够满足学生 2~5 天研学实践教育活动需求，能够至少同时接待 1000 名以上学生集中食宿等。

2018 年 11 月，文化和旅游部、国家发展改革委等 17 部门印发《关于促进乡村旅游可持续发展的指导意见》，提出：引导自驾车房车营地、交通驿站建设向特色村镇、风景廊道等重要节点延伸布点，定期发布乡村旅游自驾游精品线路产品。同月，文化和旅游部发布《关于提升假日及高峰期旅游供给品质的指导意见》，提出包括自驾车房车游在内的 11 个旅游新业态。

总体看，露营活动和露营地，作为一种休闲活动和休闲空间，具有包容性和多功能性。不同部门从各自角度均在植入职能。这一定意义上说明，露营是一个关联性高、复合性强的产业形态。

目前，露营地已经形成多方共建的好局面、多管齐下的好机制。下一步，应消除相关制约因素，填补政策和制度空白，促进露营市场主体的发育和成长，提高产业容量和承载力，真正成为迎合国民需求、带动转型升级的好产业。

第三部分　讨论

3.1　公共交通

3.1.1　综合交通

近年来，以铁路、公路、机场为代表的综合运输取得突飞猛进的进步和成绩。根据交通运输部发布的《2018 年交通运输行业发展统计公报》，到 2018 年末，全国公路总里程 484.65 万公里（见图 1-10）；全国铁路营业里程达到 13.1 万公里（见图 1-11），其中高铁营业里程 2.9 万公里以上；共有颁证民用航空机场 235 个，其中定期航班通航机场 233 个，定期航班通航城市 230 个，年旅客吞吐量达到 100 万人次以上的通航机场有 95 个，年旅客吞吐量达到 1000 万人次以上的有 37 个。

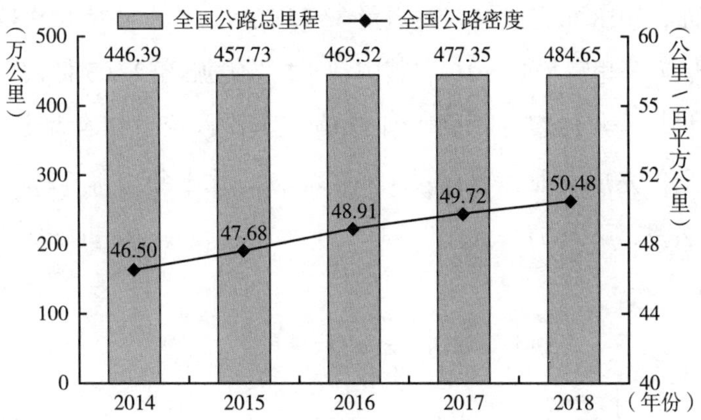

图 1–10　2014 — 2018 年全国公路总里程及公路密度[①]

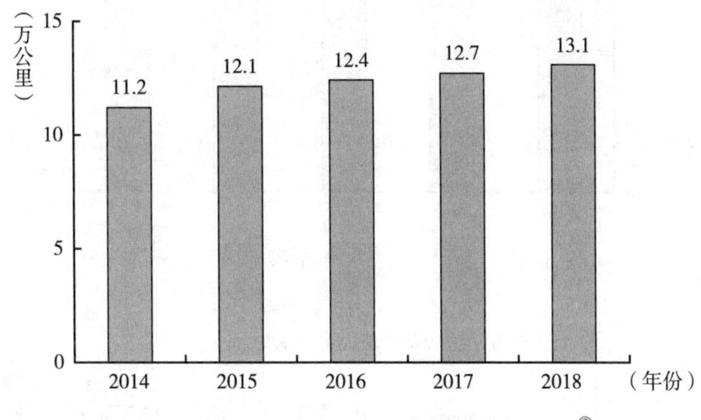

图 1–11　2014 — 2018 年全国铁路营业里程[②]

根据中国铁路总公司的信息，2018 年末，中国高铁营业里程超过世界高铁总里程的 2/3，成为高铁里程最长、运输密度最高、成网运营场景最复杂的国家；中国高铁动车组累计运输旅客突破 90 亿人次，成为中国铁路旅客运输主渠道。预计到 2020 年，我国高铁线路运营总里程将超过 3 万公里。

2018 年，全国综合交通完成营业性客运量 179.38 亿人，比上年下降 3.0%，旅客周转量 34217.43 亿人公里，增长 4.3%。分析结果发现，铁路和民航客运明显上升，但公路营业性客运呈现萎缩（见图 1–12，图 1–13）。

① 图片数据来自交通运输部《2018 年交通运输行业发展统计公报》。
② 图片数据来自交通运输部《2018 年交通运输行业发展统计公报》。

铁路方面，2018 年完成旅客发送量 33.75 亿人，比上年增长 9.4%，旅客周转量 14146.58 亿人公里，增长 5.1%。其中动车组发送旅客 20.05 亿人，增长 16.8%。2018 年我国机场全年旅客吞吐量达到 12.64 亿人次，较 2017 年增长 10.2%。而在公路方面，全年完成营业性客运量 136.72 亿人，比上年下降 6.2%，旅客周转量 9279.68 亿人公里，下降 5.0%。

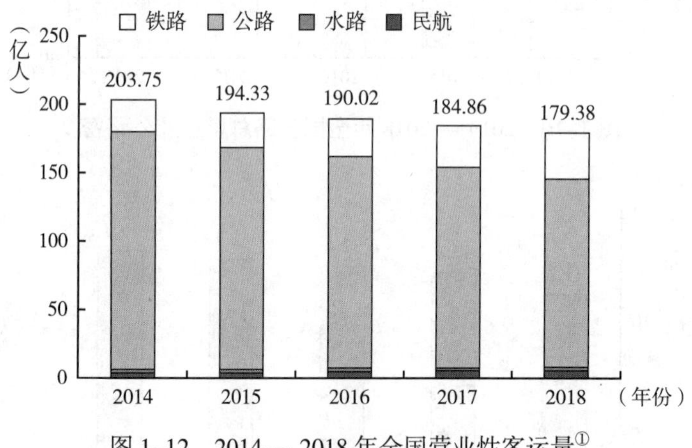

图 1–12　2014 — 2018 年全国营业性客运量①

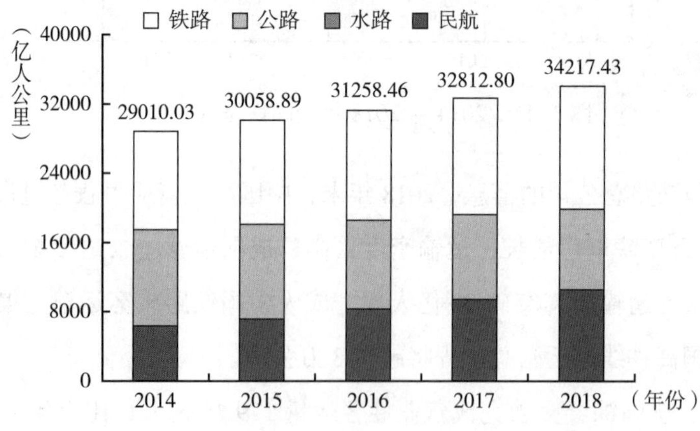

图 1–13　2014 — 2018 年全国营业性旅客周转量②

① 图片数据来自交通运输部《2018 年交通运输行业发展统计公报》。
② 图片数据来自交通运输部《2018 年交通运输行业发展统计公报》。

与之相对应，全国公路营运汽车从 2014 年开始就呈现下降趋势。2018 年末，全国拥有公路营运汽车 1435.48 万辆，比上年下降 1.0%。拥有载客汽车 79.66 万辆，比上年下降 2.4%，2048.11 万客位，下降 2.4%。其中大型客车 30.27 万辆，下降 1.0%，1333.99 万客位，下降 0.4%（见图 1–14）。

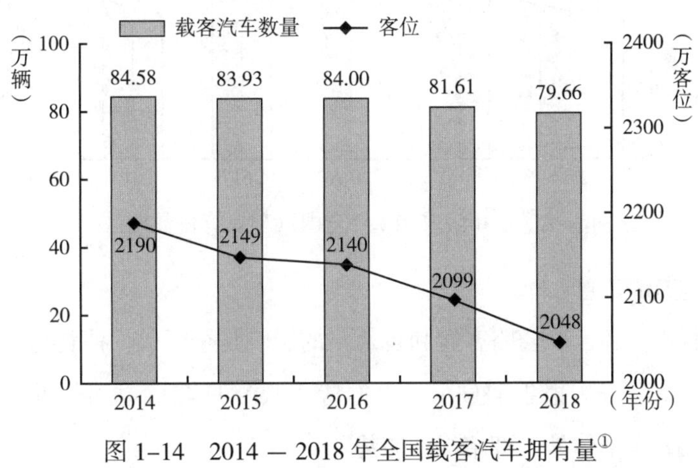

图 1–14　2014 — 2018 年全国载客汽车拥有量[①]

2019 年 5 月，交通运输部等十二部门和单位发布《绿色出行行动计划（2019—2022 年）》，在加快城际交通一体化建设要求中提出，构建以铁路、高速公路为骨干，普通公路为基础，水路运输为补充，民航有效衔接的多层次、高效便捷的城际客运网络。在城市群、都市圈内利用高铁、城际铁路、市域（郊）铁路等构建大容量快速客运系统，加快退出跨省 800 公里以上的道路客运班线，优化城际客运供给方式，提升服务品质。

全国载客汽车拥有量和营业性客运量的双下降，有其必然原因。一是铁路、航空交通网络已经形成，对公路交通尤其是中长距离交通的分流作用明显；二是私家车保有量持续增长，自驾车出行的比重越来越大，减少了对公路营业性客运的需求。替代性交通工具的增长，选择性需求的减少，对客车和公路客运的影响是长远的。对于自驾车出行而言，铁路、航空的影响也是客观存在的（见图 1–15）。

① 图片数据来自交通运输部《2018 年交通运输行业发展统计公报》。

图 1-15　2014—2018 年全国汽车保有量数据①

3.1.2　城市交通

公共交通的发展，对公路客运和自驾车的影响是全面的。高德地图《2018 年度中国主要城市交通分析报告》显示，根据持续监测的 45 个主要城市四年路网行程延时指数，2018 年整体处于拥堵缓解态势。

2015 年全国拥堵呈现逐步上升趋势，2016 年拥堵整体处于最高位；2017 年拥堵较 2016 年略有缓解但拥堵程度高于 2015 年，而 2018 年相比 2016 年拥堵缓解 4.2%，指数降幅较明显。高德认为，近年城市交通拥堵逐年缓解，与政府对交通治理的重视、城市智能交通系统中新技术的应用、基础道路网络的建设、公共交通（尤其是地铁路网）的完善等原因有关。

高德地图交通大数据监测的 50 个主要城市，通过公共出行总规划次数与驾车出行总导航次数的比值得到出行指数，来反映城市选择出行方式的差异，指数越大表示城市公共出行比驾车越大。

从出行指数数据结果看，西安、北京、兰州、上海选择公共出行占比更大，这些城市规模较大，地铁相对发达；其中西安的公共交通出行指数，成为公共出行最活跃城市。驾车出行相对多的城市台州、南通、泉州、唐山，这些多是地铁相对不够发达的城市。

① 图片数据来自公安部交通管理局官方微博。

城市公共交通的统计数据也支持了这种趋势。《2018 年交通运输行业发展统计公报》显示，2018 年末全国拥有公共汽电车 67.34 万辆，比上年增长 3.4%，其中 BRT 车辆 9110 辆，增长 3.5%。拥有轨道交通车站 3412 个，增加 362 个；运营车辆 34012 辆，增长 18.5%。拥有巡游出租车 138.89 万辆，下降 0.5%。拥有城市客运轮渡船舶 250 艘，下降 5.3%（见表 1-2）。

表 1-2　2014—2018 年全国城市客运装备拥有量①

年份	公共汽电车（万辆）	轨道交通运营车辆（辆）	巡游出租车（万辆）	城市客运轮渡船舶（艘）
2014	52.88	17300	137.01	329
2015	56.18	19941	139.25	310
2016	60.86	23791	140.40	282
2017	65.12	28707	139.58	264
2018	67.34	34012	138.89	250

3.1.3　自驾游的未来

每一次旅游产业的升级，都与交通工具和交通基础设施的进步是直接关联的。中国的大众旅游发展，直接受益于立体交通网络的形成。自驾游就是源自汽车普及和公路网的形成。铁路与民航发展与自驾车出行，客观上存在替代和互补作用，在交通设施和技术突飞猛进的当今，表现得更加突出。

随着高铁和民航网络的形成，中长距离的汽车旅行会受到替代作用的影响。城市公共交通体系的完善，尤其是地铁、轻轨的普及，近郊出游也必然面临更多选择。从近年来的大城市交通情况看，驾车出行的比例开始呈现减少趋势。虽然区域发展不平衡，各地的公共交通发展水平存在差异，但是由于基础设施和公共服务均等化的推进，这种区域差异会越来越小。

① 数据来自高德地图《2018 年度中国主要城市交通分析报告》。

针对综合交通网络的形成，城市公共交通体系的升级，可以对自驾游的未来形成以下判断：

一是总体规模会保持增长。这与国民出行需求仍未满足，汽车产销量依然增长，技术和服务不断更新换代有直接关系。欧美日等发达国家的公共交通和立体交通也经历过快速发展，但其自驾车出行规模依旧保持增长。这说明，人们对交通的需求总规模是增长的，即便存在交通方式之间的替代作用，但增量需求足以抵消这种替代作用。

二是自驾车出行结构发生变化。城市交通、中长距离交通对汽车的依赖度在下降，这是一个客观事实。以通勤、出差为目的的出行，对汽车的需求量逐步下降，这也是可以肯定的。从近五年来公路客运量和客运车辆的下降中就可以看出。但是以旅行、休闲为目的的自驾车出行，是稳步增长的。这一方面来自自驾游的自由性，另一方面也由于自驾游的文化性。说到底，自驾游是一种生活方式，而不是简单的交通方式。

三是落地自驾和汽车租赁将爆发。铁路和民航解决客源地和目的地之间的中长距离交通，那么落地后要么是公共交通，要么是自驾车。一般而言，公共交通的服务对象是居民，方便工作通勤和日常需求，对旅游出行而言则属于兼顾的功能。因此落地自驾是更为适宜的旅游出行选择。虽然有定制服务将自己的车辆托运到目的地，但是这毕竟是少数。更便利、更经济、更可行的方式，是在目的地通过汽车租赁服务，开展落地自驾。

3.2　旅游汽车租赁

2019 年一季度，中国旅游车船协会旅游租赁分会对旅游汽车租赁行业进行调查显示：大多数参调企业为学校、公司、团体以及旅行社提供包含司机的旅游汽车租赁服务，在传统汽车租赁及自驾租赁尚不能满足企业盈利需求的背景下，以团体包车形式为主的租赁服务仍然是汽车租赁企业的重要收入来源。

在参调企业中，关于自驾车租赁业务市场比重排名前五的国内城市，40.5% 的企业提名成都；23.8% 的提名北京；19% 的提名上海；11.9% 的提名重庆和西安。这表明，旅游资源的分布以及城市规模、人口基数、经济发展与生活水平、公共基础设施、人口流动性、信息化水平等因素，综合决定了自驾车租赁的地域发展水平。有超过半数的汽车租赁企业可以做到自驾游异地还车。这意味着，落地自驾游和汽车租赁遵循从中心城市向周边扩散的基本规律，落地自驾网络与综合交通网络将是高度重合的。

根据此次调查以及以往数据分析，能够看出旅游汽车租赁业的发展趋势。一是社会资本加快进入。从国有企业为主逐渐转变为民营企业占据多数，原先单纯的国有企业也向国有控股、国有参股等方向改制，社会资本的不断加入推动整个行业的激烈竞争和高速发展。二是业务接口和市场渠道从过去的单纯线下到现在的线上与线下相结合，再到线上平台越来越多，资源、渠道加快聚集和整合。三是企业间从过去的竞争关系到现在的竞争与合作并存，再到合作大于竞争的关系。四是旅游汽车租赁业将经历从过去的自持车辆重资产到现在自持与平台并存，再到未来实现对车辆资源的共享公用，达到重、轻资产分离的趋势。

3.3 文化和艺术

2019 年对于自驾游而言，是“诗和远方”照进现实的一年。更具现实意义的是，消费观念在升级递进，旅居车作为一种生活方式、一种文化形态，更加清晰地浮出水面，并与影视等艺术形式结合起来，日益得到国民大众的认可和接受。

与自驾游和露营最直接相关的艺术形式是电影里的公路片，产生在美国。美国号称是“装在汽车轮子上的国家”，美国人对于汽车的感情就像中国人对自行车一样深厚。第二次世界大战后，美国出现了以汽车和公路为典型叙事元素的电影，主人公的命运和情节的展开往往和公路息息相关。从埃德加·乌麦尔导演的《绕道》（1945 年）和约瑟夫·刘易斯的《嗜枪狂》（1949 年），到 70 年代斯皮尔伯格的《决斗》和波格丹诺夫的《纸月亮》，公路片逐渐成为一种独立于其他片种之外的新的类型电影。

中国国产的公路片数量不多，且以文艺片、喜剧片为主。比较著名的有《千里走单骑》《落叶归根》《无人区》《后会无期》《心花路放》《人在囧途》等。被称作旅居车启蒙片的《不见不散》是 1999 年贺岁片，葛优扮演的主人公买了辆二手房车，成为“带轮子的家”。作为赛车手的韩寒拍摄公路片是自然而然的事，2014 年的《后会无期》，让公众的目光投向“公路旅行”；2019 年贺岁片《飞驰人生》，用新疆巴音布鲁克草原的美景征服了观众……

近年来，自驾游和露营也成为影视作品的题材，国内一些优秀的旅居车和露营设备厂商深度参与到影视作品的创作和推广中去。2018 年 12 月，第一部房车电视剧《有房有车》上线，共分 4 季，是由山东影视制作股份有限公司、山东唐人影视、山东省旅游行业协会旅游商品与装备分会、山东省房车露营与自驾旅游协会等单位联合摄制。2019 年 4 月，江苏卫视上映电视剧《一场遇见爱情的旅行》，被称为国内首部国产公路悬疑爱情剧，剧中的房车在无锡荡口、湘西凤凰、大理、香格里拉等地出现，吸睛效果很好。

总体看，自驾游和露营与文化、艺术的结合，有了很好的开始，但还停留在车辆和露营地这些直接的消费载体上，真正能与人产生互动和情感的文化艺术形态还是凤毛麟角。其实除了电影、电视之外，还有音乐、小说、诗歌、摄影、绘画、演艺等多种艺术形态，可以更加生动、更加深刻地展现自驾游和露营文化。

无论是文化和旅游部的设立，还是市场成长和行业自身发展，可以预见，自驾游和露营的文化性，将成为今后的必修课。这将在政策引导、标准制定、人才培养、作品创造等方面逐步体现出来。

第四部分　展望

4.1　品牌化

随着标准化的推进，自驾游目的地、自驾游线路以及露营地进入分等定级阶段。这也意味着自驾游和露营进入品质化、品牌化发展阶段。根据最新的标准，自驾游目的地划分为国家级和省级两个等级，露营地划分为三个等级。自驾游线路应该是参照目的地，划分为国家级和省级。等级划分后，目的地、线路以及露营地就具备了基本的差异化、细分化的条件。就标准要求而言，这种差别主要是设施、服务尤其是基础设施、公共服务上的差别（见图 1–16）。

自驾游形式本身具有较高的灵活性，为游客提供更多的出行选择。随着旅游消费主力群体的年轻化，同质化产品已经不能满足需求。年轻游客崇尚个性与自由，注重体验与情感连接，选择偏好也发生改变。因此，定位个性化、体验主题化、服务极致化的自驾游目的地和产品将受到追捧。这就需要在等级划分所形成的设施和服务差异的基础上，进一步凸显资源、管理以及文化上的差异。简单说，就是市场细分和品牌差异。

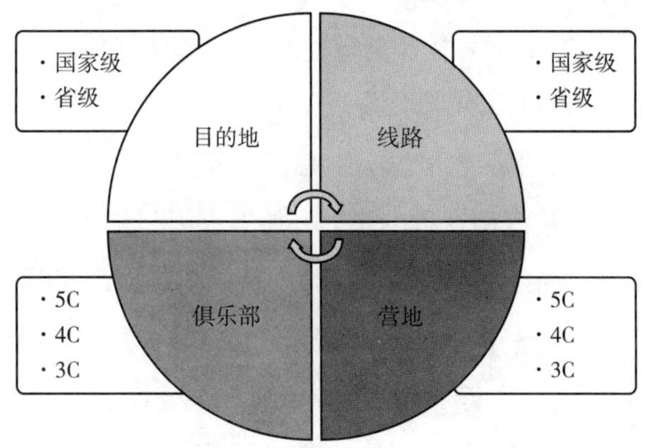

图 1–16　自驾游和露营质量等级体系

可以预见，自驾游和露营将进入品牌化发展阶段，并呈现出细分化的特征。国家级自驾游目的地，国家级自驾游线路，在此基础上附加特色元素，形成多样化品牌，如“草原天路”“茶叶之路”等。随之，自驾游经营机构通过附加活动、文化等 IP 内容，真正意义上的自驾游产品也将形成。

自驾游经营服务也是如此。经由多年发展，市场上涌现出一批各具特色的自驾游服务品牌及经营企业，但以中小型的自驾俱乐部和旅行社下辖品牌为主，地域导向强，服务规模受限。随着需求多元化和服务标准化的深化，势必出现一批具有品牌能力、资金实力，从业经验、服务能力强的大型企业，成为自驾游和露营旅游的支撑性市场主体。

4.2　落地自驾

汽车以及自驾游的发展得益于大交通的支撑，同时大交通工具的进步也会对自驾车产生一定的替代作用。汽车与飞机、火车之间存在互补和替代作用。在不同阶段，这两种作用的强度也不同。这种关系在互补和竞争中不断调整和优化。其中一个明显的结果就是落地自驾。

落地自驾，简单说就是乘飞机、火车等长途交通工具抵达目的地后再驾车旅行的模式。近年来，铁路、公路、航空立体交通网络加速形成，以地铁、巴士为主体的城市公共交通体系不断完善，这使得旅游出行对自驾车的依赖度降低，尤其是中长距离出行。5G 通讯的普及，智能技术的进步，无人驾驶必然加快，特别是城市或郊区的“点对点”的公共交通领域，从试验到推广的时间不会太长。这些因素凑在一起，意味着落地自驾具备了规模化发展的条件。与之相对应，是旅游汽车租赁，即围绕自驾游目的地、自驾游线路的落地自驾将兴起。

2018 年春节期间，从海南返程的自驾车游客在海口经历了候船 13 小时和海上滞留 18 小时的大塞车。而落地自驾和共享汽车则能解决这个问题。目前，在海南的机场和高铁站，都有落地自驾的服务点，全部流程可通过手机操作。中国建设银行还与海南省自驾游协会合作发行了自驾“一卡通”。苏州在 2014 年就推广落地自驾，服务网点已经超过 50 个，包括火车站、高铁站、体育中心等。每辆车上为游客提供《苏州落地自驾地图》《苏州落地自驾手册》，详尽列出苏州落地自驾的相关服务信息。

落地自驾的基础业态是汽车租赁。随着落地自驾需求的增长，汽车租赁行业竞争主战场将从现在的省内主要地级城市、国内主要省会城市以及国内一线城市向以省内各地级城市为主的各中、小型城市辐射转变；原先没有自驾游租赁业务的公司将出现自驾租赁业务，拥有自驾租赁业务的公司其业务比重也将明显提高。与之相配合，自驾车旅居车营地除了具备对自驾游的接待和休闲功能外，也会结合落地自驾需求的增长，提供相应的分销、维护、集散、还车等配套服务，创造出新的业务空间和商业机会。

4.3 大露营

2018 年和 2019 年，自驾车、旅居车和露营旅游面对的最大背景，除了稳定成长的市场需求，就是机构改革带来的新管理格局和不确定性。无论是新部门的组建，还是产业融合深化，自驾游和露营作为新兴领域，得到了多方的关注和支持。从目前看，文化和旅游、体育、交通、教育、林业和草原、农业农村等部门，都是自驾游和露营所涉及的部门。文化和旅游、体育、交通、教育等部门还出台了相关的规划、政策和标准（见图 1–17）。

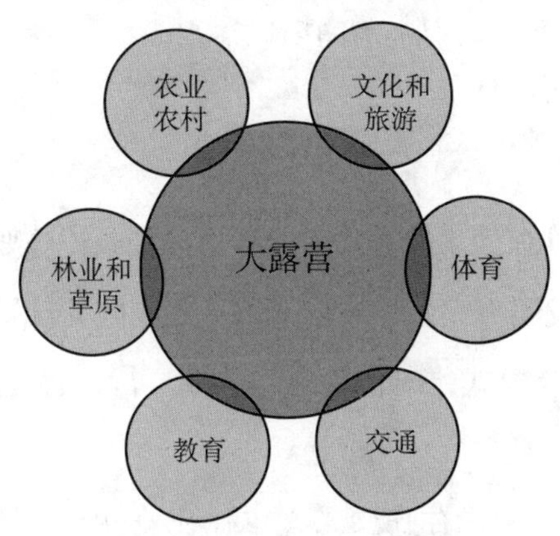

图 1–17　露营涉及部门和领域

多部门支持，多领域共建，这说明自驾游和露营具备产业融合、功能复合的自身特征。虽然容易出现政出多门的问题，但是随着多规合一、政策兼容等统筹协调机制的强化，这种多管齐下的格局，对自驾游和露营业发展，对市场主体发育，无疑都是积极的作用。

随着市场需求从爆发式增长转变为持续稳定成长，自驾游和露营“自下而上”的发展阶段基本完成，进入“自上而下”的规范和品质发展阶段，体现为国家、行业、地方、团体等各类标准相继出台，自驾游和露营进入各省区市旅游条例，以及多个部门支持促进自驾游和露营。

总体看，到 2019 年，自驾游和露营已经完成了“从自发到自觉”的发展模式转换。这意味着，规范、质量、融合以及公共服务等政府管理层面的主题词将成为下一步的主线。相比之下，自驾游和露营的市场主体依然存在着小、少、弱、散等客观问题。可以预见，“多马拉一车”“大马拉小车”的局面很快形成。

2018 年 12 月，中交公规院、中交资管、中交建融共同发起设立了中交交旅投资发展有限公司。从公开信息看，中交交旅是中国交建探索“高速公路＋旅游”业务的新举措，而自驾游和营地是重要的核心业务。

从目前的格局看，交通领域的公路＋营地，体育领域的汽车运动＋营地，自然资源领域的国家公园＋营地，教育领域的青少年研学＋营地，文化和旅游领域的自驾游＋营地，农业和农村领域乡村旅游＋营地，已经形成了“＋营地”的普遍共识，一个跨部门、多领域的大露营格局初步形成。

4.4 公共服务

自驾游是一种复合性强的出游方式，对沿途的基础设施要求高。目前，我国的公路配套设施及体系化建设还不完善，对自驾游基础设施的认知及建设，也正在从“加油＋快餐＋厕所”的初级模式，向包含“吃、住、行、游、购、娱”的综合化体系发展。

文化和旅游的基础设施，存在交叉，也存在差异。按照《“十三五”全国旅游公共服务规划》，旅游公共服务设施和领域包括交通、开放型景区、标识导引、旅游服务中心、自驾车营地、厕所、信息、安全保障等。国务院办公厅印发的《关于促进全域旅游发展的指导意见》，将厕所、交通、集散咨询、引导标志等作为旅游公共服务的重点工作。按照《国家基本公共文化服务指导标准》，文化公共服务设施包括图书馆、博物馆、文化馆、美术馆、体育场、电台、电视台以及文化服务站、室、车等。

按照《自驾游目的地基础设施和公共服务指南》LB/T 061，自驾游基础设施包括道路、停车场、加油站、集散中心、驿站、营地、驻车观景台、环境卫生、标志标识等。自驾游公共服务包括咨询、救援、公共信息、投诉受理、营销推广等。自驾游线路，是串联旅游资源和服务设施，能够成规模吸引和接待自驾车旅游者的线性空间，一般沿车行道路形成。2018 年，湖南省郴州市依照《自驾游目的地基础设施和公共服务指南》建设了 65 公里自驾旅游公共服务标准化景观大道，自驾游接待量相比标准化建设前增长了 120%，效果显著。

目前，自驾游目的地、自驾游线路均已经通过标准化工作途径，纳入文化和旅游发展体系，在职能分工上，自驾游公共服务和基础设施进入实行阶段。将文化和旅游的公共服务在自驾游和露营领域实现集成和共享是未来的重要工作。从既有的标准和工作基础看，自驾游集散中心、信息咨询、公共信息、厕所、驿站、停车场、标识标牌等设施和服务是满足文旅融合、主客共享要求的，应该是下一步健全和完善的重点。

从发展趋势看，公共驿站和公共营地是最为重要的自驾游和露营基础设施与公共服务载体。参照国内外的做法和经验，公共驿站和公共营地采取政府和社会资本合作即 PPP 的模式是最为适宜的。2018 年 4 月，文化和旅游部、财政部联合印发的《关于在旅游领域推广的指导意见》（文旅发〔2018〕3 号），就明确将自驾车旅居车营地和交通旅游列为 PPP 的重点领域。可以预见，公共服务属性的驿站和营地将会出现，并成为文化和旅游公共服务和 PPP 项目的热点。

4.5 生态圈

自驾车、旅居车和露营旅游之所以放在一起，是因为这是一个相互嵌套、相互依存的系统。以旅居车为例，生产、销售、租赁、服务、营地形成了一个大的生态体系。露营地作为大本营，是自驾车、旅居车旅行的基础设施。根据美国和欧洲的经验，旅居车销售量与露营地数量是同步的，与庞大的旅居车产能和保有量相对应的，是庞大的露营地存量。两者相辅相成，缺一不可。

我国的旅居车保有量 2018 年首次突破 10 万辆，但这个数据与美国的千万级的存量相比，还不到零头。这与生活习惯、汽车文化、产能和渠道等都是相关的，但与法规制度以及基础设施的匮乏也是分不开的。旅居车消费的增长，依赖于露营地的支撑。露营地的增长，依赖于投资、运营以及规划、用地方面的保障。因此，自驾车、旅居车和露营地，形成一个生态系统。这个系统存在“木桶效应”，只有将短板解决了，这个系统才能在更高的层级上运转（见图 1–18）。

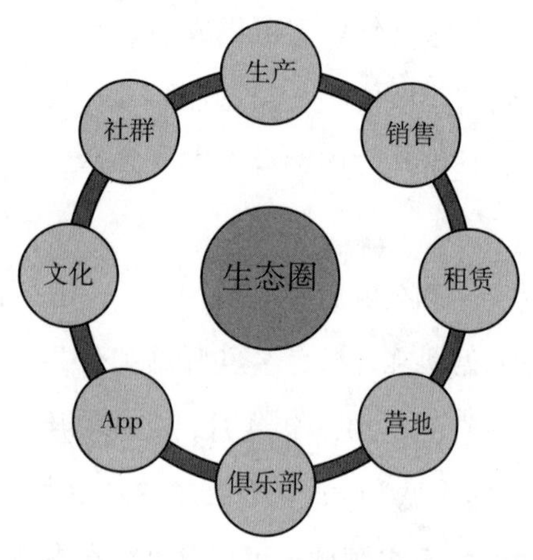

图 1–18　自驾游、旅居车和露营生态圈

整个自驾车、旅居车和露营地生态系统的完善和升级，需要国务院和相关部门的统筹协调，突破“瓶颈”，合力攻关。与此同时，市场主体也认识到这个生态系统的重要性和商业价值，有实力的企业开始构建开放包容的生态圈。

以上汽大通为例，在房车制造工厂、“租赁 + 出行 + 营地”房车生态圈以及“互联网 + 用户”平台运营等方面形成了整体战略雏形。组建租赁车队，到 2018 年底车辆数超过 1000 台，在上海、北京、成都、三亚、南京、溧阳等地设立租赁运营中心，开发了集房车租赁、营地预订、房车旅行、攻略游记等功能为一体的 App 服务平台。

类似的还有途居露营，将房车生产和销售、营地建设与管理、自驾游产品与服务等业务环节整合在一起，塑造房车和露营地生态圈。

从目前的龙头企业推进情况看，除了资金、人才的实力条件外，资源和品牌的影响力也是至关重要的。从制造端发力进行生态圈整合的可行性更大。从欧美的经验看，厂商主导生态圈的模式也是成功的经验。

4.6　新技术

根据公安部统计，2018 年，全国新能源汽车保有量达 261 万辆，比 2017 年增长 70.00%，占汽车总量的 1.09%。其中，纯电动汽车保有量 211 万辆，占新能源汽车总量的 81.06%。从统计情况看，近五年新能源汽车保有量年均增加 50 万辆，呈加快增长趋势（见图 1-19）。

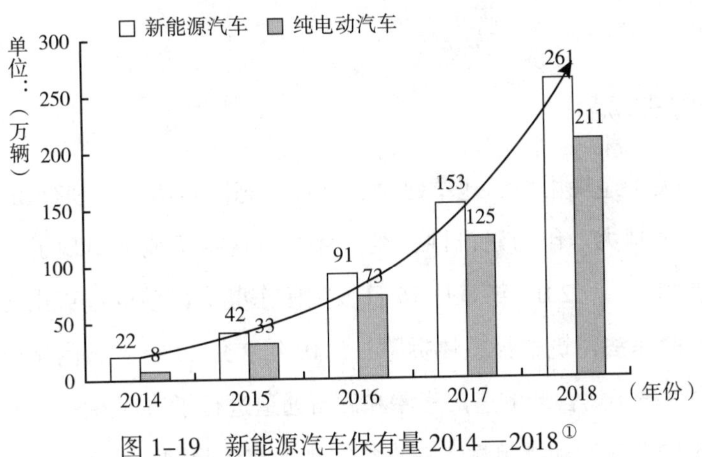

图 1-19　新能源汽车保有量 2014—2018[①]

2019 年 5 月，交通运输部等 12 部门和单位发布《绿色出行行动计划（2019—2022 年）》，提出，“以实施新增和更新节能和新能源车辆为突破口，在城市公共交通、出租汽车、分时租赁、短途道路客运、旅游景区观光、机场港口摆渡、政府机关及公共机构等领域，进一步加大节能和新能源车辆推广应用力度”。

根据 2019 年一季度中国旅游车船协会对旅游汽车租赁行业的调查，14.3% 的企业表示旗下网点已经出现人员数量递减的趋势；26.2% 的企业认为信息技术将完全或大部分取代网点人工服务；有 35.7% 的企业认为信息技术不能取代网点人工服务。

汽车、建筑、人工智能、机器人、新能源等新技术的出现和应用，必将给自驾车、旅居车和露营旅游带来重大变革。新能源汽车意味着汽车租赁、共享汽车的成本和效益会更具商业价值。自动驾驶意味着自驾游群体的成倍扩张和基础设施的升级换代。人工智能、机器人技术的采用，将有效降低自驾游和露营地经营管理成本，提高效率。

总体比例看，新能源汽车的数量还仅是汽车总保有量的 1%，但增长速度最快。人工智能、无人驾驶技术日新月异，与实际应用还有距离。但在特定领域，其适用

① 图片数据自公安部交通管理局官方微博。

性很强，应用速度也会很快。例如，新能源汽车在共享汽车乃至落地自驾领域的应用，人工智能以及无人驾驶在汽车租赁中的应用。在技术驱动、资本推动的新经济背景下，新能源新技术的进步和应用，是自驾车、旅居车和露营旅游必须拥抱和接受的重大趋势。

4.7 更加规范

近年来，关于违规用地、违章建设、破坏生态的整治、清理行动越来越频繁，惩戒力度也越来越大。作为建设性、经营性项目，露营地也出现了一些违法建设行为。根据新闻报道，2018 年 8 月 16 日，位于东莞虎门镇的鹅夷山房车露营地的 6478.5 平方米的违法建筑物被整体拆除；2019 年 3 月 11 日，云南文山州丘北县对普者黑景区内大湾子露营地的违法房屋和砂石通道进行了清理拆除。

营地用地的合法性和规范性，一直是客观存在的问题。这个问题的产生，与露营地业态较新，属性界定不清，以及多使用移动设施和临时设施有关；很多营地在规划、用地和立项等方面，也有意识地选择了成本低、流程少、速度快的方式，由此出现了不规范乃至违法建设的现象。对于新兴业态，在监管上属于灰色区域，法规制度不健全，也是重要原因。也确实存在打“擦边球”，打着露营地的幌子，搞商业乃至地产项目开发的事例。当前以及今后一段时期，多规合一、生态红线和规范用地，是自驾游和露营旅游必须要高度重视的三个关键词。

按照中共中央、国务院《关于建立国土空间规划体系并监督实施的若干意见》的要求，国土空间总体规划是详细规划的依据、相关专项规划的基础；相关专项规划要相互协同，并与详细规划做好衔接。今后一段时间，是国土空间规划制定的关键时期，在实际工作中，应科学预测、充分协调，将自驾游和露营发展对资源、空间和土地需求合理体现在国土空间规划中，以保障自驾游和露营专项规划、详细规划的科学性和可操作性。

露营地的合理选址是建设与运营的首要条件，要切实符合国土空间规划，符合生态保护的要求。露营地是依托资源、依靠环境来获得竞争优势的业态。位置和环境是露营地的生命线。但在追求环境和资源优势的同时，必须严格遵循生态红线管制的要求，任何侥幸心理和投机行为都是得不偿失的，必须予以杜绝。

在用地方面，应严格遵循《产业用地政策实施工作指引》《关于促进自驾车旅居车旅游发展的若干意见》(旅发〔2016〕148 号)等规范文件和政策文件。规范用地、合法拿地，无疑会增加营地建设和运营成本，但这是合法建设、规范运营所应该付出的必要成本。只有从源头就在规范的路径上行走，才能保障市场主体的合法权益和长治久安。

结束语

与国内和国际形势一样，自驾车、旅居车和露营旅游在 2018 年和 2019 年的最重要的主题词是“变化”。

新部门的组建、新制度的出台，带来了“从上而下”的制度、监管上的变化。国际国内经济形势的波动，带来市场需求和经营上的变化。新能源、新技术、新经济的加速前进，带来设施设备和管理服务上的变化。

变化，意味着不确定性。变化的方向，或者是向好，或者是向坏。这对于从管理体制到制度规范，从消费群体到市场主体都尚未进入成熟阶段的自驾车、旅居车和露营旅游而言，面临着重要的选择。

“选择”，是变化带来的另一个主题词。尤其是在 2019 年以及“十三五”期末。多部门共建是利好，但主体属性需要选择。公共服务是利好，但商业导向和运营模式需要选择。生态圈是方向，但主导功能的取舍需要选择。新能源新技术是趋势，但成本和资本是前提。

面对变化，就需要选择。不确定性背景下的选择，必然是风险。自驾车、旅居车和露营依然是内需驱动型的，对外依存度低，与其他行业相比，变化所带来的选择的风险，并不是最高的。

增长放缓的同时，不确定性在增加。在变化的背景下，要么选择，要么坚持。无论是哪种，规范和生存都是第一位的，速度和效益退居其次。

露营旅游装备业发展现状与趋势[①]

中国旅游车船协会、北京同和时代旅游规划设计院

露营旅游装备业是旅游业与装备制造业融合发展中产生的新兴业态，具有需求潜力大、技术含量高、发展速度快、可塑性强等特点，不但为我国旅游业的发展注入了生机和活力，也为装备制造业的升级找到新的突破口，是未来重要的经济增长点。

我国的露营旅游装备业尽管起步晚、起点低，但随着消费市场的迅速扩大以及制造水平的不断提升，已经进入快速发展轨道，尤其是“十三五”以来，科技含量越来越高，得到相关部门和省区市的重视，呈现出广阔的前景。

进入新时代，我国社会主要矛盾已经转化为人民日益增长的美好生活需要和不平衡不充分的发展之间的矛盾。到“十三五”期末，经济发展稳中有变，文化和旅游深度融合，产业更新与升级加快，在供给侧结构改革和生态文明建设背景下，无论从市场需求、供给要素还是发展环境和政策规范来看，露营旅游的粗放型、数量型增长阶段已经结束，正在进入集约型、品质型和智能化发展阶段。

“十四五”时期，是追求质量和效能的时期，是产业融合和跨界发展的时期。

① 本报告为文化和旅游部科技教育司支持课题的重要成果，得到了标准和装备处的具体指导。

这种提质增效、融合跨界的发展特征，对露营旅游装备业的影响也会越来越凸显出来，带来新的机遇和挑战。

一、“十三五”发展总结

关于露营旅游装备的界定与分类，目前国内外尚无明确和统一标准。狭义的界定是实现露营功能、保障户外活动安全的器材和物品，包括露营、宿营、穿戴、运动辅助、安全救助、通信联络等用途。广义的界定还包括旅游交通工具、游乐设备、户外运动器材等。本研究以狭义界定为主，兼顾广义范畴。

与露营旅游最相关的概念是户外休闲。狭义角度上看，户外休闲指在自然或半自然的环境中进行的休闲活动，包括露营、野外探险、骑行、登山、滑雪、自驾越野等。从广义角度上看，户外休闲更像是一种户外生活形态，兼具健身、旅游、体育、娱乐休闲等元素。

跟露营相关的供给物品有设施、设备，也有一般用品和器材。结合露营实践，当前以及今后一段时期，确定露营的核心装备有四类：旅居车、水电桩、帐篷、环保厕所。

（一）需求规模

露营装备的需求可以分为 B 端和 C 端。其中，B 端以各类营地为主，包括自驾车旅居车营地、帐篷营地、青少年营地等；C 端以自驾车旅游者和户外运动爱好者为主。“十三五”期间是自驾游和露营地建设的爆发期，也是户外运动的爆发期，由此驱动露营装备业进入一个黄金期。

“十三五”时期是营地建设的集中期。按照《关于促进自驾车旅居车旅游发展的若干意见》（旅发〔2016〕148 号），“到 2020 年建成各类自驾车旅居车营地 2000 个”。根据中国旅游车船协会调查，截至 2018 年底，全国建成营业的自驾车旅居车营地有 540 家，在建的有 388 家；合计 928 家。根据中国旅游车船协会对 50 家营地的抽样调查，2018 年每个营地的平均接待量为 5 万人 / 年。由此推测，2018 年建成营业的 540 家自驾车旅居车营地的接待规模为 2700 万人左右。

每个营地都是露营装备的 B 端需求者，包括房车、帐篷、炊具等。中国车船协会对 50 家营地的调查数据显示：平均总营位数量为 368 个，平均每个营地有自驾车营位 159 个，旅居车营位 68 个，帐篷营位 151 个，木屋或集装箱营位 18 个；26% 的营地除自驾车、帐篷、房车和木屋营位外还有其他宿营设施，如贝壳房、树屋、星空体验屋、联排别墅、蒙古包等；除提供营位外，均提供休闲活动和娱乐项目，其中儿童游乐设施和亲子项目居多。

从大的范畴讲，露营也是户外运动的重要形式。关于户外运动群体，据中国户外联盟 COA 统计，2017 年我国有 1.3 亿人参与徒步旅行、休闲体育等泛户外运动，占总人口的 9.5%；有 6000 万人参与登山、攀岩、徒步等野外运动，占总人口的 4.38%。根据对户外俱乐部的访谈，在户外运动中露营的比例并不高。在野外运动中露营的平均比例不到 10%。按照 COA 数据分析，那就是 600 万人左右；由于户外露营人群具有稳定性，按照人均户外露营 5 次 / 年计算，则每年的户外运动露营规模为 3000 万人次。

综上所述，自驾游露营的规模为 2700 万人次 / 年，户外运动露营规模为 3000 万人次 / 年，则初步估算，到“十三五”期末，全国露营者规模为 6000 万人次 / 年。

（二）供给情况

在露营产业当中，露营旅游装备占据着不可或缺的核心地位。

欧美是旅居车传统强国。美国的旅居车品牌有福特、森林河、GMC、Hymer、托尔等。在旅游领域，最早进入中国的现代意义上的旅居车是 1986 年由当时的北京京旅旅游汽车公司进口的 40 辆旅居车。国民大众对于房车旅游的认识，多数来自于 1999 年的贺岁电影《不见不散》。中国第一辆拥有完全自主知识产权的自行式房车，是 2001 年在中天房车下线的。最早的有接待能力的旅居车营地，是中天行在新疆的喀纳斯露营地，于 2003 年开业。随着国民对旅居车消费的扩张，美国、英国、德国、澳大利亚的很多旅居车品牌也进入中国。2018 年，中国销量居前的旅居车品牌有奔驰斯宾特（进口）、福特 E350（进口）、大通 MAXUS RV80（国产）、长城览众 LZONE 风骏 C7（国产）、凯伦宾威 KLEN.RV 依维柯单拓展房车（国产）、江铃旅居车（国产）。

中国旅游车船协会的调查数据显示，2018 年，全国旅居车总销量为 51626 辆（包括自行式房车、拖挂式房车、商务房车、帐篷房车及营地房车），其中，国内销售 31026 辆，比上年增长 48.9%；出口 20600 辆，增长 21.18%；2018 年，全国旅居车的上牌数为 7521 辆，比 2017 年增长了 66.21%；工信部公示的房车品牌 113 个，公示的车型 341 款。截至 2018 年底，中国旅居车保有量达到 100458 辆，这是首次超过 10 万辆大关。

从旅居车保有量上看，2018 年是标志性的一年。从发展规律看，从 0 到 1 是最难的阶段，一旦突破后，从 1 到 10，再到 100，会呈现加速态势。2018 年 9 月，中共中央、国务院《关于完善促进消费体制机制进一步激发居民消费潜力的若干意见》中明确提出，支持邮轮、游艇、自驾车、旅居车、通用航空等消费大众化发展，加强相关公共配套基础设施建设。可以预见，随着基础设施和公共服务的提升，消费理念的普及，生产能力的提高，管理制度的优化，旅居车的销售量也将迎来爆发式增长，中国成为旅居车消费大国乃至强国是可以期待的。

户外装备方面，经过多年的发展，中国形成了汇聚国际国内品牌，涵盖露营全领域的供给体系。以下列举在市场上销售量居前的露营装备品牌：

▶ 露营帐篷，有飞拓 /FLYTOP、探路者 /TOREAD、TAWA、公狼、骆驼 /CAMEL、凯乐石 /KAILAS、牧高笛 /MOBI GARDEN、北山狼、喜马拉雅、徽羚羊。

▶ 防潮垫，有挪客 /NATUREHIKE、迪卡侬 /DECATHLON、探险者、悠度 /Yodo、北山狼、自游人 /TrackMan、骆驼 /CAMEL、公狼、凯玛仕 /KEMAS、蓓安适。

▶ 睡袋，有北山狼、迪士尼 /DISNEY、骆驼服饰 /CAMEL、土拨鼠 /MARMOT、牧高笛 /MOBI GARDEN、天石 /HIGHROCK、探路者 /TOREAD、北面 /THE NORTH FACE、凯乐石 /KAILAS、康尔 /KingCamp 。

▶ 遮阳棚，有牧高笛 /MOBI GARDEN、探险者、骆驼 /CAMEL、北极狼 /BeiJiLang、公狼、沙漠之狐、探露 /TANLOOK、盛源、狼爪 /JACK WOLFSKIN、康尔 /KingCamp。

▶ 户外桌椅，有紫叶 /ZIYE、莫家、藤朝家具、睡眠宝 /LULLABY DREAM、迪卡侬 /DECATHLON、梵派、元方缘家具、法格莱 FGL、藤佳居、精欧。

根据中国纺织品商业协会户外用品分会（COCA）《2018 年中国户外用品市场调研简报》，2018 年中国户外用品市场零售总额达到 249.8 亿元，出货总额达到 141.2 亿元，2018 年增速较 2017 年有回落，分别为 2.1% 和 2.38%，为 2002 年以来最低增速。根据分析，户外用品的销售增速放缓，与经济下行、零售业增速放缓、贸易战等诸多因素紧密相关。

对比发达国家的户外产业结构和产业规模，走过 20 多年历史的中国户外用品产业，仍属成长初期，户外运动的参与度、户外产品的普及率等方面与发达国家仍存在很大的差距，未来在相关利好政策落地、消费者户外活动参与度的提升及全民健身理念的普及等多重利好因素的驱动下，将迈进一个新阶段。

（三）政策环境

“十三五”期间，是我国露营旅游政策的爆发期，从国家到地方，纷纷出台支持政策，制定相关规划。

露营旅游在国家层面最重要的推动事件，是 2014 年 10 月 29 日的国务院常务会议。会议提出重点推进 6 大领域消费，其中要求“升级旅游休闲消费，落实职工带薪休假制度，实施乡村旅游富民等工程，建设自驾车、房车营地”。2014 年 8 月 22 日，国务院发布 2014 年第 31 号文件《关于促进旅游业改革发展的若干意见》（以下简称《意见》），首次将房车露营产业提升至国家层面，《意见》明确强调：“建立旅居全挂车营地和露营地建设标准，完善旅居全挂车上路通行的政策措施。”《意见》还明确规定国家公安部、交通运输部、旅游局、体育总局等相关部门，要在 2015 年 6 月底前出台具体措施，建立旅居全挂车营地和露营地建设标准，完善旅居全挂车上路通行的政策措施。

“十三五”期间，露营活动、露营地进入旅游、体育、交通、教育等部门统筹管理的范围，形成多方共建的好局面、多管齐下的机制。

2015 年工业和信息化部等六部委联合发布了《关于促进旅游装备制造业发展的

实施意见》。2016 年国家旅游局等 11 部委联合印发《关于促进自驾车旅居车旅游发展的若干意见》。2017 年国家体育总局等 8 部委印发《汽车自驾运动营地发展规划》。

国务院于 2017 年印发《"十三五"现代综合交通运输体系发展规划》(国发〔2017〕11 号),明确提出要拓展交通运输新领域、新业态,积极引导交通运输新消费,大力发展自驾车、房车营地,鼓励规划建设一批航空飞行营地、汽车综合营地、山地户外营地和徒步骑行服务站。2017 年交通运输部等部门印发《关于促进交通运输与旅游融合发展的若干意见》,鼓励在公路路侧富裕路段建设驿站、营地、观景设施和厕所等,并要求完善房车准驾制度。

国家发改委、体育总局于 2019 年 1 月份联合发布《关于进一步促进体育消费的行动计划(2019—2020 年)》:重点支持消费引领性强的健身休闲项目发展,推动水上运动、山地户外、航空运动、汽摩运动等运动项目产业发展规划的细化落实,形成新的体育消费热点。

国务院办公厅于 2019 年 8 月发布《关于进一步激发文化和旅游消费潜力的意见》(国办发〔2019〕41 号),突出鼓励发展与自驾游、休闲度假相适应的租赁式公寓、汽车租赁等服务;推进国家全域旅游示范区建设,着力开发商务会展旅游、海洋海岛旅游、自驾车旅居车旅游、体育旅游、森林旅游、康养旅游等产品。

天津、湖南、浙江、广东等省市也纷纷将包括露营装备在内的旅游和运动装备作为新兴产业来支持。

(四)标准体系

"十三五"期间,发布了一系列关于露营旅游的标准。其中国家标准有:《休闲露营地建设与服务规范 第 1 部分:导则》GB/T 31710.1,《休闲露营地建设与服务规范 第 2 部分:自驾车露营地》GB/T 31710.2,《休闲露营地建设与服务规范 第 3 部分:帐篷露营地》GB/T 31710.3,《休闲露营地建设与服务规范 第 4 部分:青少年营地》GB/T 31710.4 等。行业标准有:《自驾游目的地基础设施与公共服务指南》LB/T 061,《自驾车旅居车营地质量等级划分》LB/T 078。

2017 年 9 月 29 日,《机动车运行安全技术条件》GB 7258—2017,代替《机动车运行安全技术条件》GB 7258—2012。新标准于2018年1月1日起正式实行。在新标准里首次给出了旅居车、旅居挂车的定义，并对旅居车标准进行了进一步细化。新标准是对GB7528—2012的全面升级，对旅居车发展具有极强的指导意义。

总体看，在“十三五”期间，露营领域的服务标准体系基本形成。从最初的休闲露营地到目的地基础设施与公共服务，再到露营地质量等级，再到自驾游线路，非常明显地呈现出从点到面，从企业尝试到政府促进，从商业经营服务到目的地公共服务的动态演进过程，标志着露营正式进入品质化发展和目的地统筹的新阶段。

在户外运动领域，标准建设则相对滞后。当前，仅仅明确了户外运动俱乐部的准入标准；户外装备、器械的准入标准还在制定当中，户外运动场地、器材、装备的标准尚需体系化。户外运动产品的质量认证标准是户外运动产业化发展的必然要求。户外活动是一项专业性极强的活动，对产品提出了很高的要求，关系到安全和生命。面对国内市场众多的仿冒产品，把产品质量标准化，相对于建立安全救援体系来说，是同样关系生命安全的问题。

（五）总体特点

1. 需求驱动明显

“十三五”期间是经济和社会发展的重要时期，我国社会主要矛盾已经转化为人民日益增长的美好生活需要和不平衡不充分的发展之间的矛盾。巨大的人口基数，稳步增长的可支配收入，对美好生活的不懈追求，诸多因素构成了人们对于露营旅游这种新兴消费和生活方式的偏好。

自驾游的比重已经占到国民出游总人数的六成以上，成为最为普遍的休闲旅游方式。对于城市居民而言，举家自驾游几乎是每年的“必修课”。但使用露营装备的自驾游和户外休闲比重依然很低。露营进入集约型发展阶段，必然是重视细分市场、持续需求的发育，体现在常态人群比重、人均时间花费、人均金钱支出等指标上。其中最重要的是常态消费人群，也就是刚性需求。与酒店、景区、旅行社等传统旅游业态相比，露营旅游领域的多数业态尚不存在供给过剩、充分竞争的情况，总体上仍是“蓝海”领域。

“互联网 +”带来新商业、新零售、新渠道。对包括露营装备在内的户外用品销售体系造成冲击，带来变革。根据《2018 年中国户外用品市场调研简报》，中国户外用品的零售渠道主要有商场店、电商、户外专营店、团购 / 社群及其他渠道等，其中商场店分布于全国各大、中城市的诸多商场之中，总体规模大，所占市场份额高，但因为区域性强，很难形成全国范围的连锁经营；电商网络渠道近年发展迅速，销售占比激增，消费者网络购物的习惯日益普及，但网上也存在货品来源和销售价格相对混乱的境况，假货和劣质产品混杂其间，对户外行业健康发展形成危害。

2. 供给依然不足

供给侧结构性改革，就是从提高供给质量出发，用改革的办法推进结构调整，矫正要素配置扭曲，扩大有效供给，提高供给结构对需求变化的适应性和灵活性，提高全要素生产率，更好地满足广大人民群众的需要，促进经济社会持续健康发展。

在国内的一线城市，周末举家到公园或者郊区进行野营的人数较多，但缺少专门的帐篷露营地。“驴友”等户外运动爱好者的野外宿营活动已经比较普遍，但宿营点的选择有很大的随机性。从日常的露营行为看，实际需求量很大，尤其是在周末和节假日，但营地供给的不足制约了露营活动的开展。

据不完全统计，全球的自驾车营地数量已达 55000 个。根据国际露营协会及各国露营协会的统计数据，欧洲拥有 25000 多个营地。法国最多，约 10400 个，英国其次，约 4000 个，德国约 3500 个。根据美国房车工业协会与露营地协会数据，美国有营地 20000 多家。加拿大营地超过 3000 个。相比之下，我国的营地还不足 1000 家，在供给数量、专业性和规范性方面仍不能满足需求。

截至 2018 年底，我国已建成公共充电桩约 30 万个，保有量居全球首位。2020 年，我国规划建设公共充电桩数量约 50 万个。2018 年，美国的房车保有量已发展到 1200 万台，欧洲房车保有量 800 万台。我国房车保有量 2018 年底突破 10 万台，但连美国和欧洲的零头都算不上。我国道路交通世界第一，汽车保有量即将世界第一，人均 GDP 即将突破 1 万美元，房车产能不断提高。但房车保有量出乎寻常的低。

除了经济基础、生活方式方面的差异，软件和硬件制约是最主要的因素。

发达国家户外运动发展历史较为悠久，户外运动的文化底蕴较为深厚，户外运动已经成为各国人民平日消遣、节日度假以及外出旅游主要的选择之一，也逐步发展为人们的一种必不可少的生活方式。现代户外运动起源于欧美，历时已有一百多年，其中欧洲市场容量最大，美国次之。在亚洲，户外运动的发展十分迅速，其中韩国、日本与中国跃升为主要的户外用品消费国。2017 年美国户外运动用品市场规模为 138.3 亿美元，2017 年欧洲户外用品零售额达到了 120 亿欧元，虽然亚洲户外运动发展时间不及欧美，但近年来随着中日韩三国户外运动爆发式的增长，亚洲户外用品零售行业在全球正扮演着越来越重要的角色。

近年来我国户外用品行业蓬勃发展，已成为国内外知名户外运动品牌竞相争夺的重点市场。从最初的产量竞争、价格竞争逐渐演变到渠道竞争，再到目前的品牌竞争阶段，未来的行业竞争将朝着综合实力的竞争方面深入发展。从“十三五”期间的户外用品销售居前的品牌看，国产品牌的份额逐步下降，国际品牌则进取很快，成为市场供给的主体。

3. 展览节会红火

根据中国旅游车船协会的调查，2018 年，15 家省级自驾游和露营协会组织的自驾游露营展览或交易会平均为 3.25 次，成为旅游节会活动的热点和亮点。房车露营展会的兴起，一方面与房车生产和销售的特点有关，另一方面也是房车需求的规律使然。房车作为居民的第二辆车，或者是专业运营，或者是营地用车，其销售和消费属于升级型，跟一般私家车相比，To C 特点不突出，To B 是主渠道。随着全国露营地和房车旅行商的快速增长，To B 的特征会更加明显，房车露营展会的数量和规模也将会进一步增长和扩大。

从 2011 年开始，每年“十一”期间，由“越野 e 族”发起的“阿拉善英雄会”都在阿拉善沙漠举行，有音乐、美食、车展、沙漠越野、岩石探险等活动，已成为全国最著名、参与人数最多的越野和露营盛事。2019 年英雄会由 T3 系列赛事、CERC 中国电竞赛车锦标赛、汽车博览会、酷车擂台大奖赛、SUV 大典、沙漠艺术殿堂、文旅产业大会、烟火盛典等项目组成，吸引了中国、意大利、西班牙、德国、巴西、哥伦比亚、法国等国家和地区的越野和露营爱好者参与。

“十三五”期间，体育领域的露营节会兴起。国家体育总局登山运动管理中心、中国登山协会分别在广东、新疆举办多站全国露营大会，中国汽车摩托车运动联合会等在安徽芜湖等地举办中国汽车（房车）露营大会，甘肃省社会体育管理中心等举办丝绸之路国际露营大会。音乐与露营的结合更加紧密。在2017年，除了张北草原音乐节外，还有乌拉特后旗骑士音乐嘉年华、克什克腾草原音乐节、多伦诺尔·我有戏·国际草原音乐季等。草原音乐节的持续时间更长，参演乐队更多，活动更加丰富，露营成为主要的目标群体和服务对象。

总体看，文化和旅游领域的露营节会依然是主体。与露营旅游相比，我国户外运动的露营活动规模小，也缺少序列性。

4. 跨界融合突出

根据国际经验，露营是一个大产业，除了营地，还包括房车、水电桩、帐篷、户外用品、移动卫生间、垃圾收集处理、木屋等设施和装备，以及教育、培训、节会、旅游等多个子行业。欧美发达国家的常态露营人口比例都超过10%。我国的露营产业在自驾游、冬夏令营、游学以及户外运动等业态飞速发展背景下，也进入膨胀阶段。从“十二五”开始，露营快速进入城市居民家庭生活，尤其是成为周末近郊游、青少年夏令营的重要形态。进入“十三五”，露营活动、露营地则进入旅游、体育、交通、教育等部门统筹管理的范围。

2018年3月，国家体育总局办公厅发布《关于加快推动汽车自驾运动营地产业发展的通知》，要求到2020年每省（区、市）至少建成50家专业性强、基础设施完善的汽车自驾运动营地，初步形成“三圈三线”自驾线路和汽车自驾运动营地网络体系。到2025年每省（区、市）力争建成300家汽车自驾运动营地。

根据《中国汽车自驾运动营地星级评定办法》，中国汽车摩托车运动联合会2018年评定了途居芜湖龙山露营地等22家单位为“五星级汽车自驾运动营地”，芜湖红杨山房车露营地等8家单位为“四星级汽车自驾运动营地”，马鞍山含山鸣鹿堂房车露营地等4家单位为“三星级汽车自驾运动营地”。

2018年4月，国家体育总局办公厅关于印发《全国青少年户外体育活动营地建设规范及器材目录》的通知，规范规定了青少年户外体育活动营地的规划、基础设置、公共服务设施、专项设施、服务、安全、卫生、医疗救护、资源和环境的保护、综合管理等方面的基本要求。

2018 年 6 月，教育部办公厅发布《关于开展“全国中小学生研学实践教育基（营）地”推荐工作的通知》，规定了研学实践教育营地的七条推荐条件，如要求是教育系统所属的公益性青少年校外活动场所、综合实践基地等，能够满足学生 2~5 天研学实践教育活动需求，能够至少同时接待 1000 名以上学生集中食宿等。

2018 年 11 月，文化和旅游部、国家发展改革委等 17 部门印发《关于促进乡村旅游可持续发展的指导意见》，提出：引导自驾车房车营地、交通驿站建设向特色村镇、风景廊道等重要节点延伸布点，定期发布乡村旅游自驾游精品线路产品。同月，文化和旅游部发布《关于提升假日及高峰期旅游供给品质的指导意见》，提出包括自驾车房车游在内的 11 个旅游新业态。从发展来说，露营产业已成为“生活性服务业”，并在居民休闲生活中发挥“基础设施”的重要作用。

总体看，露营活动和露营地，作为一种休闲活动和休闲空间，具有包容性和多功能性。不同部门从各自角度均可植入职能。这一定意义上说明，露营是一个关联性高、复合型强的产业形态。目前，露营地已经形成了多方共建的好局面、多管齐下的好机制。下一步，应消除相关制约因素，填补政策和制度空白，促进露营市场主体的发育和成长，提高产业容量和承载力，真正成为迎合国民需求、带动转型升级的好产业。

二、“十四五”趋势分析

（一）经济社会趋势

“十四五”是迈进新时代的第一个五年。新时代的主要标志有两个：一是我国社会主要矛盾已经由“人民日益增长的物质文化需要同落后的社会生产之间的矛盾”转化为“人民日益增长的美好生活需要和不平衡不充分的发展之间的矛盾”；

二是主要任务是中华民族迎来了从站起来、富起来到强起来的伟大飞跃。

按照党的十九大确定的“两个一百年”奋斗目标的时间表和路线图：2020 年全面建成小康社会，实现第一个一百年的奋斗目标，接着开启全面建设社会主义现代化国家新征程，向第二个百年奋斗目标进军。第二个百年奋斗目标经历两个阶段：第一个阶段，从 2020 年到 2035 年，在全面建成小康社会的基础上，再奋斗 15 年，基本实现社会主义现代化；第二个阶段，从 2035 年到本世纪中叶，在基本实现现代化的基础上，再奋斗 15 年，把我国建成富强民主文明和谐美丽的社会主义现代化强国。

2018 年中国人均 GDP 约为 9768 美元，达到世界银行划分的上中等收入经济体水平，“十四五”末，即使按照 6% 左右的增长，中国人均 GDP 也会进入世界银行划分的高收入经济体 12000 多美元的门槛，跨过“中等收入陷阱”，从中等收入经济体晋级为高收入经济体，带来的深刻影响和变化。

综合各方观点，“十四五”期间，我国工业化进入后期，进入全新的人工智能制造时期，无人工厂、无人车间、无人物流、无人售卖将成为常态，对产业结构、社会就业、仓储物流、用户体验，以及产业链、价值链等带来革命性影响；随着中国由“制造大国”进入“消费大国”，进出口结构会出现进口大于出口的历史性拐点，成为世界第一进口大国；城市化进入后期，进入城市有机更新和城乡人口双向流动的时期；进入以 5G 为主要标志的新技术突破期，无人驾驶、远程医疗、智慧城市、智慧家居、精准控制等得以实现，将极大改变生产方式和生活方式；人口老龄化进入凸显期，进入应对老龄化和鼓励生二胎的交汇期；生态化建设进入关键期，坚持“绿水青山就是金山银山”的发展理念，把生态环境保护摆在前面，贯穿“五位一体”发展的各个方面和全过程。

“十四五”期间，这些趋势和变革势必影响露营装备业。牧高笛是国内户外装备行业领军企业，在其 2018 年年报中预计了公司将面临的挑战，其中包括：①贸易摩擦不确定性导致汇率波动频繁，影响出口业务；②出口市场需求下降，竞争日趋激烈；③ AI 进步倒逼制造业转型升级；④相关政策能否落地，公司能否及时布局市场顺势发展；⑤产品年轻化，品牌转型能否获得消费市场认可；⑥整合供应链资源，建立产品开发快速反应链；⑦线上线下双核驱动，提高自有品牌的市场占有率、渠道渗透率及品牌知名度，完善打造直营与加盟、线上和线下的全渠道销售网络体系。可见，贸易摩擦、人工智能、市场年轻化、渠道网络化等是未来露营装备业需要面对的重要课题。

（二）需求年轻化

对于我国的露营装备业而言，需求驱动特征鲜明。“十四五”期间，消费升级依然是第一驱动力，个性化、定制化、科技化需求显现，消费者更愿意为卓越品质、超凡性能的产品埋单。

中国纺织品商会户外用品分会《2018年中国户外用品市场调研简报》认为，走过20多年历史的中国户外用品产业，仍属成长初期，众多利好不断释放，行业有望新一轮健康、稳定增长。2019年，中共中央办公厅、国务院办公厅印发了《关于以2022年北京冬奥会为契机大力发展冰雪运动的意见》，要求带动冰雪运动向四季拓展，努力实现带动3亿人参与冰雪运动的目标。《意见》还要求，创新发展冰雪装备制造业，制定冰雪装备器材产业发展行动计划，建立冰雪装备器材产业发展平台，推动产业链上下游需求对接、资源整合。支持企业开发科技含量高、拥有自主知识产权的冰雪运动产品。

根据《中国滑雪产业白皮书2018》，中国正在成为世界最大的初级滑雪市场。截至2018年底，国内总滑雪人次为2113万，其中滑雪场所产生的滑雪人次为1970万人次。随着进入2022北京冬奥会周期，在国家政策支持和鼓励下，滑雪有望成为户外运动成长较快的板块。

露营属于典型的休闲范畴。休闲虽然有具体概念，但对处于人生当中不同年龄阶段以及拥有不同成长背景环境的人群而言，对休闲的理解、感受以及具体的内容都是非常不同的。同样，不同年龄段客群的休闲需求也大相径庭。从国际经验看，年轻人是主要的露营群体，也是露营装备的主要需求者。

“十四五”期间，中国的露营人口将形成。青少年是露营活动的重要群体。在有些国家和地区，营地教育甚至纳入了中小学生的学分课程体系，每个学生每学期必须有一定天数的营地生活学分。很多国家的露营是从娃娃抓起，从儿童到青少年有不同阶段的训练营地，从而养成了终身的露营习惯，也造就了一定规模的常态露营人口，为露营产业发展提供了可持续的需求人群支撑。

三夫户外是较早从事户外产业的企业，近年来也加快进入面向青少年的户外营地教育。在2018年上半年，三夫户外战略投资上海悉乐文化发展有限公司，2019年1月增资控股，完成了“户外运动用品——赛事活动团建——亲子户外乐园”三大业务板块布局；在成都和武汉分别有占地300亩左右和500亩左右的“松鼠部落”亲子户外乐园，拥有独立IP形象。根据计划，2021年将在全国范围内运营7家亲子户外乐园，构建青少年户外运动教育平台，打造以“玩乐体验+教育成长”为双引擎的亲子户外乐园。

需求变化要求露营装备要通过细分来精准营销。以牧高笛为例，确定了两个细分品牌：大牧品牌面向专业户外人群，追求极致的户外性能与体验，主要涵盖探险露营、徒步露营、专业赛事等户外场景，通过高性能的产品、优秀的设计，满足专业户外人群的需求；小牧品牌面向泛户外人群，强调产品的舒适、时尚与机能感，主要涵盖家庭露营、公园休闲、旅行以及日常通勤等场景，通过带有户外功能的鞋服产品，融合时尚设计元素，让大众消费者轻松享受户外乐趣。

（三）供给国际化

到“十四五”期间，我国将进入新的发展阶段，与世界的融合度越来越高，对外开放将从商品和要素流动型开放向规则等制度型开放转变。开放不仅仅体现在贸易上，还体现在制度安排、市场开放程度、政府职能和理念的转变等方面，我国从世界工厂变成世界市场。

现代意义上的旅居车、露营和户外运动，欧美以及澳大利亚等地区客观上发展早，也更加成熟。目前，进入中国的主要是旅居车、露营设施设备以及户外用品的生产制造企业，而营地管理、旅居车运营、户外培训等业态，尚未真正进入中国。这些业态，国外的企业和机构是客观领先的。这些业态的进入，是伴随着旅行服务、专业服务等服务领域的开放而推进的。在这些领域，是我国继续扩大开放乃至实现完全国民待遇的领域。可以预见，旅居车、露营和户外运动领域的专业机构、品牌以及资本，将加快进入中国。

中国户外品牌联盟（COA）发布的《中国户外用品市场2017年度调查报告》显示，在激烈市场竞争中，大品牌渐渐占据上风，年度出货量逐年增多，市场占有率也越来越大。“十三五”期间，位于头部的前10个品牌的市场占有率达到50%以上，前15个品牌则超过80%。而且，头部品牌的市场占有率还呈现出逐渐提高的趋势。2017年，户外用品的品牌总数达到901个，其中，国内品牌452个，国外品牌449个；从数量上看，国内和国际品牌各占半壁江山。

总体看，包括旅居车、户外用品在内的我国露营装备业呈现出金字塔的竞争格局，高端市场几乎被国外一线品牌垄断，中高端市场主要是国外二三线品牌及少数国内品牌，而多数国内品牌徘徊在中低端户外用品市场。可以预期，露营装备业的品牌集中度在“十四五”期间会继续保持在高位，且国际品牌的数量会继续增长，占到数量优势。

随着露营和户外运动的热度升温，消费者对装备的专业性需求越来越高，从之前的更多人寻找的体验式产品相比，消费者对装备的认知越来越深，更多在对产品的质量和自身体验感的基础上进行消费，一些专业性不强，但宣传推销、包装等方面大投入的产品逐渐被淘汰。

开放是双向的，露营装备“走出去”将成为“十四五”的重要特点。牧高笛的产品包括帐篷、睡袋、自充垫等露营装备，就充分利用东南亚人力成本优势，2017年在孟加拉扩建老厂、在越南建新厂，通过布局海外生产基地，实现降本增效。始祖鸟是高端户外装备品牌，其Gore-Tex超级防水面料是业内顶级，母公司Amer Sports，成立于1950年，是世界顶级的体育器材商之一，产品线覆盖了网球、羽毛球、高尔夫、滑雪、滑板、健身器材、自行车、越野跑装备、徒步装备及潜水等项目。2018年，中国品牌安踏体育出资53亿美元收购了始祖鸟的母公司Amer Sports的全部股份。

（四）商业新零售

新零售，英文是New Retailing，即个人、企业以互联网为依托，通过运用大数据、人工智能等先进技术手段并运用心理学知识，对商品的生产、流通与销售过程进行升级改造，进而重塑业态结构与生态圈，并对线上服务、线下体验以及现代物流进行深度融合的零售新模式。

2016年11月11日，国务院办公厅印发《关于推动实体零售创新转型的意见》（国办发〔2016〕78号），明确了推动我国实体零售创新转型的指导思想和基本原则，在调整商业结构、创新发展方式、促进跨界融合、优化发展环境、强化政策支持等方面作出部署。《意见》在促进线上线下融合上强调："建立适应融合发展的标准规范、竞争规则，引导实体零售企业逐步提高信息化水平，将线下物流、服务、体验等优势与线上商流、资金流、信息流融合，拓展智能化、网络化的全渠道布局。"

目前，露营装备的销售渠道是多样化的，但实体专业店依然是销售的主渠道。2018年三夫户外在北京、上海、南京等17个城市开设了40家专业户外用品连锁店，门店业务收入为23649万元，占公司营业收入的56%。另一家领军企业探路者，2018年TOREAD线下店铺总数为1210家，Discovery Expedition线下店铺总数为171家，探路者童装店TOREADKIDS线下店铺总数为32家。但不容回避的是，实体专业店的销售收入在明显下降。"十四五"期间，露营装备业必须迎接挑战，进入新商业、新零售体系。必须改变依靠展会来销售旅居车和帐篷，依靠实体店来销售户外用品的模式。

探路者已经明确提出，抓住线上线下融合的新机遇，聚焦个性化需求，将品牌的优势与互联网思维相结合，从应用工具层面和管理机制层面双管齐下，实现主要传统电商、社交电商及自媒体的多平台运营，为消费者提供多触点、便捷化的多场景购物方式，利用线上渠道对市场的快速反应寻找爆款赋能线下业务，利用融入品牌文化元素的、更具体验感的线下购物环境带动线上业务发展，促进线上线下零售业务的打通、交互、协同。

在2018年年报中，牧高笛也提出紧跟潮流时尚，强化电商事业：①梳理线上产品结构，升级产品演绎方式，优化电商品牌视觉形象，增强消费者线上购物的专业感和品牌认知感；②把握市场热点IP、节日营销活动，优化营销推广，打造品类爆款，提升线上平台流量与销售转化率；③加强社交电商营销能力，通过短视频等内容营销手段、加强与主流年轻消费者的品牌互动。

（五）公共属性显现

2017 年 9 月，由中共中央办公厅、国务院办公厅印发了《建立国家公园体制总体方案》。在《总体方案》中，中央明确建立国家公园的目的，就是为了保护生物多样，保护生态系统的原真性和完整性，提到要发展“自然环境教育和游憩”。参照其他国家的国家公园的做法，体现公共特征的低价格和容量限制是可以确定的模式。为满足合理服务的要求，设立公共露营地也是非常可行的。

根据相关信息，美国近半数的露营地是公共营地属性，而且很多露营地坐落在国家公园里，是国家公园里唯一合法的宿营场所。目前，中国的露营地绝大多数是由社会资本投资建设和运营管理的。由于准入、用地、审批等方面的限制和模糊，真正意义上的公共露营地尚未出现。

露营地一方面属于休闲、旅游、运动和教育的基础设施，另一方面也是生态友好、融入自然的服务设施，是与国家公园天然适应的自然环境教育基地和游憩服务设施，在资源环境保护的前提下，成为国家公园重要的配套设施，是符合可持续发展要求的。近年来，各地在建设生态文明过程中，形成了大量生态空间，如郊野公园、湿地公园、森林公园等，在国家公园体制的深化推广下，也会带动各地在这些生态功能区发展公共露营地，满足国民享受生态文明成果的需求。

结合国内外的做法和经验，公共露营地采取政府和社会资本合作即 PPP 的模式是最为适宜的。2018 年 4 月，文化和旅游部、财政部联合印发的《关于在旅游领域推广的指导意见》（文旅发〔2018〕3 号），就明确将自驾车旅居车营地和交通旅游列为 PPP 的重点领域。综合判断，在我国作为尚属空白领域的公共露营地，面临重要的战略机遇期。

对应公共营地，对大型和基础性露营装备的需求会增长，如活动房屋、水电桩、环保厕所、小型污水处理设施、垃圾收集设施以及太阳能发电设备等。其中，水电桩作为核心设施，将会进入需求爆发阶段。水电桩，即户外供水供电设备，主要用于旅居车营地、游艇码头、车库等户外场所。由于需求功能渐多，水电桩也扩展出一些其他的功能，包括有线网络、Wi-Fi、有线电视、（酒店型）智能控制系统、水电计数（远程控制）、IC 卡管理、广告牌（智能触控及视频播放）等，成为智能化集成设施。

（六）新技术革命

当代露营是对旅游和旅行的一次革命。这个革命，来自汽车制造技术的进步和成本的降低，来自可装配建筑技术的成熟，来自露营设施设备产能和品质的提升。可以说，没有技术的革新，不可能形成这么大规模、这么快增速的需求和消费。技术进步是加速进行的。汽车、建筑、人工智能、机器人、新能源等新技术的出现和应用，必将给露营带来新的变革。新能源汽车意味着汽车租赁、共享汽车的成本和效益会更具市场价值。在自动驾驶条件下，驾驶证不再是自驾车出行的必须前提，这意味着自驾游露营群体的成倍扩张。

露营的四类核心装备，即旅居车、水电桩、帐篷、环保厕所，都将在“十四五”期间面对技术革命带来的新变化，开始新进化。

旅居车最直接的新技术是新能源和无人驾驶。采用天然气、氢能、太阳能和电能的旅居车将成为主流。露营车可以依靠自带能源设施实现自给，对水电等基础设施的依赖度将大大降低。未来很多的房车旅行会采用固定线路，更适宜采取共享模式，更适合无人驾驶。露营者提前设定好旅行目的地和营地，房车即可自动抵达。

智能水电桩除了配有防水插座、防冻水龙头以及漏电保护器这些配置以外，还有蓝牙、识别和支付等集成化功能。可以通过 App 预约，能够精细化地管理水电用量核算收费，且无须人员值守。可以自动采集、处理信息，了解用户需求，使用频率高的地区、线路，出现故障及时通知维修。能设立在任何有水源电源的地方，一个智能水电桩就相当于一个微型的营地。

露营用厕所都是环保厕所，也有移动厕所。智能厕所可实时更新厕位使用情况、温度、湿度、用水量、用电量等。生态厕所，采用免水冲生物发酵处理技术，配合光伏发电、感应声控等技术，可以实现零污染、零排放、循环利用和水资源节约。可用于厕所的环保技术包括多级生化组合电催化氧化、膜生物反应器（MBR）、以复合生物反应技术为核心的微水冲技术、真空气冲、无水冲机械源分离、微生物源分离、免水可冲、可生物降解泡沫等。

户外用品的智能化也不断加快，其中最重要的穿戴式智能设备。通过这些设备，人可以更好地感知外部与自身的信息，能够在计算机、网络甚至其他人的辅助下更为高效率的处理信息，能够实现无缝交流。应用领域可分为两大类，即自我量化与体外进化。

在自我量化方面，最常见的为两大领域，一是户外运动，另一个是医疗保健。在前者，主要参与者是专业运动户外厂商及一些新创公司，以轻量化的手表、手环、配饰为主要形式，实现运动或户外数据如心率、步频、气压、潜水深度、海拔等指标的监测、分析与服务。而后者，主要参与者是医疗便携设备厂商，以专业化方案提供血压、心率等医疗体征的检测与处理，形式较为多样，包括医疗背心、腰带、植入式芯片等。

在体外进化方面，可穿戴式智能设备能够协助用户实现信息感知与处理能力的提升，应用领域极为广阔，用户能通过拥有多样化的传感、处理、连接、显示功能的可穿戴式设备来实现自身技能的增强或创新。主要参与者为高科技厂商中的创新者以及学术机构，产品形态以全功能的智能手表、眼镜等形态为主，不用依赖智能手机或其他外部设备即可实现与用户的交互。

人工智能、机器人技术的采用，将有效地降低露营地经营管理的成本，同时提高服务效率。特别是北方和西部的露营地，季节性强，波动性大，对用工、能源、设施等方面造成不便，但随着智能化、机器人的推广，这些问题就不再成为障碍了。总体来看，新技术采用，对于露营而言，将产生长远而积极的影响。

（七）发展瓶颈突破

在“十四五”期间，制约露营装备业发展的一些瓶颈亟须突破。这些瓶颈，来自露营装备的上下游，有供给侧，也有需求侧，有 C 端，也有 B 端。

首先是旅居车。一方面是持续增长的露营旅游需求，另一方面是过程艰苦但前景光明的产品和服务供给。我国旅居车的需求和供给之间存在数量级上的落差。这个落差是不正常的。既然市场需求没问题，资金投入和生产制造没问题，基础设施没问题，那问题一定是出在制度上。旅居车的消费约束最为明显。作为第二辆车，或者运营车辆，上牌上路和入库，这三方面在消费能力最强一线城市都是受限的。只有实质性地突破发展的“瓶颈”，特别是制度“瓶颈”，露营旅游所代表的新旅游、新生活的巨大生产力，才能真正释放出来。

二是标准化。露营是最适宜综合标准化的对象。也就是说，应构建一个标准综合体，即一个标准簇，是个系统工程，需要用开放系统的思维对露营标准体系进行重构和扩容。露营设施和装备，涉及多个部门和多个标准领域。这些标准之间需要统筹协调。旅游业目前都是推荐性标准，没有强制性标准。《中华人民共和国标准化法》第十条：对保障人身健康和生命财产安全、国家安全、生态环境安全以及满足经济社会管理基本需要的技术要求，应当制定强制性国家标准。露营应该有强制性标准，特别是关于露营装备的消防、安全、环保方面的标准，需要有所突破。

三是露营时间。露营是休闲行为，是旅游活动，需要时间保障。休假是权利，也是义务。除了法定节假日和周末，最重要的就是带薪休假。国家发展改革委于2019年12月12日发布了《关于改善节假日旅游出行环境促进旅游消费的实施意见》，要求用人单位对履行落实带薪年休假制度负主体责任，引导、鼓励职工和其所在单位更加灵活地安排带薪休假。鼓励用人单位在年初结合工作需要以及职工休假意愿统筹安排当年休假，优先考虑子女上学的职工在寒暑假的休假安排。

四是规范露营用地。露营地是露营旅游装备最大的B端，露营地数量增长和质量提高，是露营装备业最大的利好。露营用地的合法性和规范性，一直是客观存在的问题。当前及今后一段时期，多规合一、生态红线和规范用地，是露营地的三个关键词。按照中共中央、国务院《关于建立国土空间规划体系并监督实施的若干意见》的相关要求，国土空间总体规划是详细规划的依据、相关专项规划的基础；相关专项规划要相互协同，并且要与详细规划做好衔接。位置和环境是露营地的生命线。但在追求环境和资源的同时，必须严格遵循生态红线管制相关要求。规范用地、合法拿地，无疑会增加露营地的建设和运营成本，但这是合法建设、规范运营所应该付出的必要成本。只有从源头就在正规的路径上行走，才能保障市场主体的合法权益和长治久安。

旅游汽车租赁业发展现状与趋势

中国旅游车船协会旅游租赁分会、首汽租赁有限责任公司、北京同和时代旅游规划设计院

随着改革开放不断深入，人们在“衣”“食”“住”等生活必备条件得到普遍解决与整体满足的基础之上，更多地将目光焦点转移到了生活中相对而言处在“高层建筑”位置的“行”上。汽车保有量、驾驶人数量、旅游市场等数据指标则直接显示，“行天下”已经成为国民大众的必修课。

从 1989 年开始，中国租车行业经历了四大主要发展阶段，租赁企业的类型也从以国有大型企业为主逐步发展成为多种企业类型并存的现状；租赁企业服务的对象也由最初的政府、企业逐渐扩大范围到普通的大众消费者；租赁业务模式也由最初传统线下采购模式逐渐拓展为“线上预订、线下取车”以及“门店直接预订”等多种租赁方式共存的混合模式。另外，融资租赁、分时租赁模式也逐渐兴起，业务模式更加多元化。随着移动技术水平的发展以及旅游市场的带动，中国租车行业诸多业务将会进一步升级发展。

一、发展背景

（一）政策背景

2017年8月，交通运输部与住房和城乡建设部联合发布了《关于促进小微型客车租赁健康发展的指导意见》（以下简称《指导意见》），提出：鼓励各小微型客车租赁经营者通过兼并重组、合资合作、上市融资等方式，提升规模化水平，加强上下游行业以及相关行业联动；支持小微型客车租赁经营者通过特许经营、连锁经营、战略联盟等形式，扩大网络覆盖范围，优化经营网点布局，为消费者提供"一点租多点还""一城租多城还"租赁服务，不断提升服务体验；引导各小微型客车租赁经营者加强品牌建设，创新经营服务内容，增强企业核心竞争力。《指导意见》还明确鼓励分时租赁发展，并且利用了较大篇幅文字，具体提出了包括充分认识发展分时租赁的作用、科学确定分时租赁发展定位、提升线上线下服务能力以及建立健全配套政策措施等围绕分时租赁发展的四点具体的指导意见；《指导意见》还对汽车租赁发展良好环境的营造提出了具体的要求。

2019年5月，交通运输部等12个部门和单位联合制定并且发布了《绿色出行行动计划（2019—2022年）》，鼓励汽车租赁业网络化、规模化发展，依托机场、车站等客运枢纽发展"落地租车"服务，促进分时租赁创新规范发展。

国家出台、发布的这些政策、指导文件，在明确态度鼓励汽车租赁行业发展的同时，也提出了相应的要求、方向以及指导意见，保证发展的健康有序与可持续性。

（二）市场背景

据公安部统计，2018年机动车保有量达3.27亿辆，其中汽车2.4亿辆，小型载客汽车首次突破2亿辆。美国目前的汽车保有量约为2.5亿辆。中国超越美国只有一步之遥。从分布情况看，全国有 61 个城市的汽车保有量超过百万辆，27 个城市超 200 万辆，其中，北京、成都、重庆、上海、苏州、郑州、深圳、西安等 8 个城市超 300 万辆，天津、武汉、东莞 3 个城市接近 300 万辆。

受经济放缓影响，汽车销售增长也放缓。2018 年上半年，国内汽车市场还保持着微弱的增长势头，但从下半年开始，销量下跌幅度逐渐扩大，到了 12 月销量甚至直接跌破 2015 年的水平，导致中国车市连续增长 28 年后迎来首次下滑。这其中是多方面因素导致的，一般认为有三大原因：一是二手车市场的高速增长抵消了部分新车销量；二是国内经济增速减缓，消费者购车欲望降低；三是国内车市逐渐饱和。2019 年，随着国六排放法规以及双积分政策进一步实施，预计传统车销量仍将继续下滑，新能源汽车成为中国车市的主要增长点。

根据统计，2014—2018 年这五年，全国机动车驾驶人数量呈现持续大幅增长趋势，年均增量达 3012 万人。2018 年，全国机动车驾驶人数量达 4.09 亿人，其中汽车驾驶人达 3.69 亿人，占驾驶人总数的 90.28%。随着一、二线城市汽车保有量激增导致的城市交通压力增大，政府出台针对机动车购买的限制政策在很大程度上抑制了大城市的机动车购买需求。对于数量庞大的机动车驾驶执照持有人而言，租车已经成为满足自身驾车需求的重要出口。

随着汽车消费市场人群年龄的日趋年轻化，这一市场的消费理念、消费方式、消费偏好以及消费水平等消费特征都较以往呈现出了非常大的不同——好看的新车、好玩儿的技术、贷款购买以及以租代买等消费特征开始成为汽车消费市场的主流特征。而汽车租赁业的发展及其主要特征，刚好可以较好地满足这一日益年轻化的市场的内在需求。

（三）技术背景

随着汽车租赁，特别是旅游汽车租赁业务在线上预订端的不断发展以及持续扩大，有效地缩短了汽车租赁手续流程的办理速度，整体上提高了汽车提取的便捷程度，直接导致以“80 后”“90 后”等年轻人群体为代表的客群市场需求得到了进一步的刺激与满足。

以清洁能源以及智能驾驶等为代表的新技术在汽车租赁业务上的广泛应用，将在有效节省企业运营成本、明显提升用户使用体验度的基础之上，进一步丰富汽车租赁市场的产品供给。

（四）小结

通过 2018 年的统计数据，可以得到一个简单而又直观的侧写：平均每个国人在国内旅游 4 次，平均每人每次花销将近 1000 元，而平均每 9 个国人中就有 1 人因私出境，平均每 14 个国人就有 1 人赴港澳台出境；平均每 11 个国人当中就有 1 人拥有私人轿车。这样一个侧写数据还只是针对中国大陆居民的整体平均水平，而在大城市中，人均的数据和指标会更高。

旅游、收入以及汽车保有量等等这些数据，反映我国经济持续增量发展的同时，也不断改变人们的出行方式。自驾车旅游深入人心，进而潜移默化地改变以“行”为主题的两大服务领域——旅游服务、汽车租赁。两个服务领域之间持续发展、不断渗透以及相互融合，形成新的交集和细分领域——旅游汽车租赁。

二、现状调查

2019 年上半年，中国旅游车船协会对汽车租赁企业进行了调研，包括北京、天津、甘肃、河南、吉林、辽宁、山东、山西等在内的北方省市以及包括四川、湖北、贵州、浙江、江苏等在内的南方各省份，企业覆盖范围较广。对基本情况、业务内容、市场特征以及运营服务等四大领域进行了信息采集与分析。

（一）基本情况

1. 业务模式

在全部参与信息采集的汽车租赁企业（以下简称“参调企业”）中，自身拥有车辆，可以直接进行租赁业务的参调企业占到总数的42%；属于租车平台，主要业务负责连接线上端用户与线下汽车租赁公司的参调企业占到总数的22%；既可以直接进行租赁业务，又拥有或使用线上租车平台的参调企业占总数的36%。

2. 企业性质

在参调企业中，国有企业占到总数的8%；民营企业占到总数的80%；混合所有制企业（含中外合资企业）占到总数的10%；外商独资企业占总数的2%。

3. 企业规模

参调企业中，现有人员规模在10人以下企业占总数的26%；规模在10~100人的企业占到总数的54%；规模在100~500人的企业占总数的10%；规模在500人以上的企业占总数的10%。

4. 营业收入

此次参调企业中部分提交了该项数据，结果显示：最近一年（2018年）全部汽车租赁业务营业收入总计达到了人民币302.06亿元。其中旅游汽车租赁业务的营业收入达人民币29.48亿元；参调企业旅游汽车租赁业务去年营收占到企业全年全部汽车租赁业务营收比例的9.8%。

5. 利润

此次参调企业中部分提交了该项数据，结果显示：最近一年（2018年）全部净利润总计达人民币9.38亿元。其中，旅游汽车租赁业务的净利润达人民币3.83亿元。此次全部参调企业在旅游汽车租赁业务领域整体实现显著盈利——在全部汽车租赁业务整体净利润率在3.11%的基础上，旅游汽车租赁业务的整体净利润率达到了12.99%，为全部业务的4倍多；旅游汽车租赁业务净利润占全部汽车租赁业务净利润的40.83%。

（二）业务发展

1. 空间范围

此次参调企业中除 1 家外均在中国大陆布局了租车业务；此外，有 3 家涉足港澳台地区租车业务；1 家涉及境外亚洲国家租车业务；另外有 1 家与境外租车机构拥有合作业务；还有 1 家以境外旅游目的地的落地租车为主营业务。

在中国大陆范围内的汽车租赁业务中，参调企业的业务涉及国内一线城市的占总数的 32%；业务辐射国内主要省会城市的参调企业占总数的 42%；业务覆盖国内全部省会城市的占到总数的 8%；业务可达省内主要地级城市的占到总数的 54%；业务空间可囊括省内全部地级城市的占总数的 14%。

2. 业务类型

针对企业提供的汽车租赁服务类型，可提供本地还车的自驾租赁服务的参调企业占总数的 84%；可提供异地还车自驾租赁服务的不足总数的 10%；为旅行社提供包含司机旅游汽车租赁服务的占总数的 62%；可为学校、公司、团体提供含司机旅游汽车租赁服务的占总数的 68%；可提供包括境外租车以及深港跨境车等在内各类特种汽车租赁服务的占总数的 8%。

3. 订单时长

根据参调企业递交数据，将租车订单时长分为三大类，包括：短租订单（30 天以内）、长租订单（一个月至一年）以及固定期限订单（一年以上）。其中排名前五的订单全部为短租订单的参调企业占到总数的 56%；排名前五订单全部为长期订单的占到总数的 8%；排名前五的订单为短租与长租混合订单的占到总数的 16%；排名前五的订单为长租与固定期限混合订单的占总数的 8%；排名前五的订单为短租、长租与固定期限混合订单的占总数的 6%。

4. 车型租价

在车型与租价方面，热租车型中有别克 7 座商务车（GL8）的参调企业占到总数的 44%；热租车型包括大众商务轿车（帕萨特、迈腾）的占到总数的 40%；热租车型包括奥迪商务轿车（A6L）的占总数的 30%。上述各车型的日租价普遍在 500~1000 元间不等；此外，热租车型有奔驰商务车（S 系、E 系、7 座等）与沃尔沃商务车（S90）的参调企业占到总数的 10%，日租价普遍在 1000~1500 元不等；热租车型包括大众经济轿车（朗逸、捷达、桑塔纳、POLO）的参调企业占总数的 36%；热租车型包括起亚 K2 的占到总数的 16%。上述车型的日租价普遍在 100~300 元不等；另外有热租车型包括丰田越野车（普拉多、汉兰达、陆地巡洋舰）的参调企业占总数的 20%，日租价普遍在 500~1500 元间不等。

5. 网点分布

参调企业中共有 54% 的参调企业的提车网点最多分布于以机场、火车站为主的交通站点附近；有 32% 的参调企业的提车网点最多分布于城市中心或大型商圈附近。

6. 清洁能源

有 68% 的参调企业表示并无清洁能源车辆租赁业务；28% 的参调企业的清洁能源车辆业务占比从 5%~30% 不等；仅仅有 4% 的参调企业的清洁能源车辆业务占比超过半数，分别为 70% 和 100%。

7. 业务走势

有 24% 的参调企业表示目前其旅行社、学校或公司团体租车业务占比低于 5%，自驾租赁业务几乎占据其全部的业务比例；还有 60% 的参调企业表示目前其旅行社、学校或公司团体租车业务占比 5%~40%，其余部分为自驾租赁业务；另外有 16% 的参调企业目前的旅行社、学校或公司团体租车业务占比超过半数，达到了 50%~99% 不等，剩余部分为自驾租赁业务。

有 54% 的参调企业表示旅行社、学校、公司团体租车业务所占的比例呈现出逐年增大的趋势；仅有 1 家参调企业表示此类业务所占比例有所减少。

（三）市场特点

1. 自驾租赁

在汽车租赁企业自驾租赁业务市场比重排名前五的国内城市中，42% 的参调企业提名三亚；有 20% 的参调企业提名海口；还有 16% 的参调企业提名了成都；14% 的参调企业提名了北京；另外有 10% 的参调企业提名上海。

2. 客龄区间

在自驾租赁用户的年龄区间人数占比分布领域，96% 的参调企业提名“80 后”（1980—1984 年生人）；有 84% 的参调企业提名了“90 后”（1990—1994 年生人）；还有 70% 的参调企业提名“75 后”（1975—1979 年生人）；66% 的参调企业提名“70 后”（1970—1974 年生人）；另外有 64% 的参调企业提名“85 后”（1985—1989 年生人）。

3. 渠道情况

在市场推广渠道领域，参调企业多以包括租车平台（App）、OTA、搜索引擎、综合信息平台、自媒体、微博、微信、视频网站、社区贴吧、社交软件等在内的线上推广渠道及包括平面媒体、电视、电台、硬广、DM 单页、电话、地推、投标、熟客等在内的线下推广渠道为主要的市场推广手段。

4. 市场淡旺季

调查结果显示参调企业在自驾租赁业务与旅游汽车租赁业务两大业务领域间的淡旺季存在相同或相似之处——即基本与旅游季节的淡旺季相似。

参调企业普遍反映每年的下半年、十一长假、春节假期以及寒假为汽车租赁的主要旺季，其余时间基本均为淡季。还有企业表示，旺季期间车辆供不应求；淡季期间则要压低价格来充量求生存。

5. 用户忠诚度

在租车用户忠诚度方面，有 60% 的参调企业表示其租户二次预订的比例超过 50%，显示出较高的用户忠诚度。

6. 自身优势

在自身优势方面，参调企业表述各不相同，但归纳总结起来主要有几大类别：第一类为规模较大的业内知名企业，主要优势包括品牌平台、信誉度高、网点众多以及服务齐全等；第二类为线上端租车平台，主要优势包括信息透明、性价比高、资源丰富、易于操作、动态服务以及技术领先等；第三类为自有车辆的传统线下端租车公司，主要优势包括优质服务、以人为本、车辆把控以及手续简便等。

7. 市场痛点

参调企业对旅游汽车租赁市场的客源需求痛点的理解不尽相同，但概括归纳起来主要包括以下几方面：一是取、还车辆（包括异地还车）的便捷程度问题；二是租车计费政策灵活性问题；三是旺季车辆库存（汽车租赁淡、旺季）问题；四是租车押金高、办理手续多以及押金退还时效问题；五是线上端租车平台的信息贴合程度问题；六是全国各地针对汽车租赁执法政策统一标准的问题；七是重资产汽车租赁企业以及分时租赁企业盈利困难的问题；八是增加汽车租赁的安全性，降低事故率的问题等。

（四）运营管理

1. 客服优势

在客户服务优势方面，参调企业反馈的信息显示：规模较大的业内知名企业其主要的客服优势在于会员体系、用车便捷、标准服务以及客服团队等；线上端租车平台主要的客服优势在于预订便捷以及线上客服等；自有车辆的传统线下端租车公司主要客服优势在于车况维护以及人性服务等。

2. 网点运营

针对各参调企业在各地网点日常运营以及客户服务等方面出现的主要问题排名中，有 28% 的参调企业提到了在租户用车过程中对车辆的把控问题；22% 的参调企业提到了异地还车困难以及网点数量不足等问题；还有 14% 的参调企业提到租户对预缴押金数额以及其归还期限存在较大争议的问题；12% 的参调企业提到了对驾驶员的管理问题；另外，有 8% 的参调企业还提到租户租车期间的违章以及车辆停靠等产生的相关费用不能及时处理的问题。

3. 养护与收支

在汽车租赁企业对自有车辆日常养护开销占到车辆营收比重方面，在不考虑车险的前提下，自有车辆的参调企业对车辆的日常养护开销基本上占车辆营收的 5%~10%。在自有车辆从购入到收支平衡所需的时间周期方面，各参调企业的自有车辆基本在 1~5 年以内实现收支平衡。

4. 网点发展

针对汽车租赁公司网点人员数量变化及包括自助服务在内的信息化的智能技术未来是否可以完全取代网点人工服务的问题，14% 的参调企业表示目前旗下网点已经开始出现人员数量递减的趋势；26% 的参调企业认为信息化技术将完全或超过 60% 的取代网点人工服务；另有 32% 的参调企业认为信息化技术将不能够取代网点的人工服务。

5. 未来趋势

针对旅游汽车租赁服务供应商，尤其是线上端租车平台未来同旅游产业有机融合构建新的服务业态这一问题，有 30% 的参调企业提出可与提供包括飞机票、火车票、景区景点门票以及酒店预订等服务的线上端旅游资源预订平台开展包括市场推广以及营销等在内的全方位的深入合作；另外有 20% 的参调企业提出可直接与景区景点以及酒店等旅游资源终端方开展合作，进行捆绑销售；1 家参调企业提出应与景区景点以及酒店等旅游资源终端方合作共同建立客户信用体系，由客户在其中一方缴纳押金，一旦在这几项服务进行过程当中出现了任何问题，押金将优先赔付利益受损的服务供应商；还有 1 家参调企业提出了汽车租赁保险应与汽车租赁业务在未来实现更加完善的契合与匹配，从而实现更优质、更便捷、更人性化地为汽车租赁客户满足其对租赁服务进行期间所涉及的保险服务的相关需求。

（五）小结

1. 组织特征

参调企业在业内具备一定规模，可以被看作是目前旅游汽车租赁行业内部的企业情况缩影，具备着比较典型的代表性。参调企业中民企占到总数的 80%，100 人以下规模的企业占到 80%；此外，58% 的参调企业拥有或使用汽车租赁线上平台发展汽车租赁业务。根据企业自身从过往到现今的规模与性质的发展状况对比以及市场渠道的发展趋势来看：国有企业改制、股份制企业，从重资产到轻资产的转变以及从线下渠道到线上平台的市场渠道转变是旅游汽车租赁企业目前发展的主要特点。

在营收与净利领域，旅游汽车租赁业务的营收占到参调企业全部营收的 9.8%，并在全部汽车租赁业务整体净利润率在 3.11% 的基础上，旅游汽车租赁业务的整体净利润率达到了 12.99%，为全部业务的 4 倍多；旅游汽车租赁业务净利润占到全部汽车租赁业务净利润的 40.83%，这体现出在复杂的经济环境中，传统汽车租赁市场尤其是线上端平台依靠外部资本投入之后让利消费者来抢占市场的大背景下，旅游汽车租赁业务可以带动汽车租赁企业增加收入，平衡整体业务的净利润，其盈利能力毋庸置疑；旅游汽车租赁业务营收所占比例不足一成，显示出其未来的发展空间广阔、发展潜力巨大。

2. 业务特征

在国内传统汽车租赁以及旅游汽车租赁市场激烈竞争的今天，利用自身实力以及资源优势开始布局海外租车市场，将是很多汽车租赁企业的又一选择。

省内主要地级城市、国内主要省会城市及国内一线城市是目前国内旅游汽车租赁企业业务的主要布局地点。这再次验证了——区域经济发展情况决定并影响着公共交通基础设施发展水平以及人民生活水平，从而间接影响着旅游汽车租赁业务的发展状况。

在汽车租赁服务类型领域，一方面，目前仅有不到一成的汽车租赁企业可以做到自驾异地还车；另一方面，大多数的参调企业为学校、公司、团体以及旅行社提供包含司机的旅游汽车租赁服务，体现出在传统汽车租赁及自驾租赁不能满足企业盈利需求的背景下，以团体包车形式为主的旅游汽车租赁服务仍然成为旅游汽车租赁企业的重要盈利来源。

在汽车租赁订单时长方面，短租目前仍然为目前汽车租赁的主流时长。

在提车网点分布情况领域，交通接驳站点与人流较多的中心城区与商圈仍然是人们最惯于并且最便于提车的主要地带。

在业务类别及其所占的比重方面，目前国内多数的旅游汽车租赁企业的业务重心已经从传统的团体包车业务形式为主逐渐转变成了现在的旅游自驾业务形式为主。自驾租赁业务所占比重的不断增加，也是近年来旅游汽车租赁企业的汽车租赁业务结构发展变化的主要特点之一。

3. 市场特征

在自驾市场分布领域，自驾旅游资源的分布以及城市规模、人口基数、经济发展以及人民生活水平、旅游公共基础设施发展水平、旅游产业发展程度、人口流动性、居民整体文化素质、信息化发展程度等因素直接决定了自驾旅游的地域性发展水平。

在自驾用户年龄区间占比分布领域，1970—1995 年期间出生人群为目前我国自驾游的主要客群年龄分布区间。这一客群目前在年龄层面属于青、中年人群，其身体条件处于最巅峰的状态，经济状况以及收入水平也正处于人生中逐渐上升的趋势之中，因此自驾的出行方式非常符合这类人群的休闲度假需求。

在旅游汽车租赁市场季节领域，参调企业在自驾租赁业务以及旅游汽车租赁业务两大业务领域间的淡旺季存在相同或相似之处——即基本上与旅游季节的淡旺季相似。参调企业普遍反映每年的下半年、十一长假、春节假期以及寒假为汽车租赁的主要旺季，其余时间基本均为淡季。还有企业表示，在旺季期间车辆供不应求；淡季期间则要压低价格来充量求生存。这也与旅游服务业的发展特点非常相似。未来通过新的业态模式来满足旅游汽车租赁业务在旺季到来时的波峰，填平淡季到来时的波谷，将会成为市场发展又一亟待解决的课题。

在租车用户忠诚度方面，在有效市场推广渠道成本较高，廉价渠道效果不佳的背景下，较高的用户忠诚度能帮助汽车租赁企业有效地增加订单数量，在提高收益的同时帮助企业树立良好的市场形象，积累形成好的口碑。而租户忠诚度主要与汽车租赁企业品牌影响、车况车型、租车价格、服务质量、便捷程度以及会员体系等相关要素密切关联。

4. 经营特征

在网点运营方面，车辆把控、异地还车以及对于驾驶员的管理依然成为目前各旅游汽车租赁企业在日常网点运营过程中所面临着的主要问题与难题。

在车辆日常养护开销占到营收比重方面，自有车辆的参调企业对车辆的日常养护开销基本上占车辆营收的5%~10%；在自有车辆从购入到收支平衡所需的时间周期方面，各参调企业的自有车辆基本在1~3年内实现收支平衡。这一数据显示：在对车辆的日常运营方面，目前业内各企业的自身情况基本上趋于同步。

5. 存在问题

此外，根据针对参访企业的深入调查与沟通，此次报告还总结出了一些目前行业内部存在着的一些比较突出的、在一定程度上阻碍着行业发展且亟待解决的行业内部问题，集中体现在以下几个方面：

一是行业发展尚未成熟。主要体现包括：行业标准缺失，缺少行业标准以及用户评价反馈机制；行业联动难，作为大额资产租赁行业，没有接入征信系统、没有共享的行业黑名单，造成行业经营风险高；行业淡旺季明显，如何跨地区、联动上下游各企业，满足季节性需求亟待解决；面向用户的标识不清，用户难以甄别优质租车公司；租车网络建设不成熟，用户异地还车难；车辆租赁押金高、办理手续繁杂、押金退还周期较长，用户下单使用不够便捷等。

二是政策法规有待完善。主要体现包括：由于各地车辆管理政策不同，二手车异地处置难；旅游自驾车辆里程数不高，但因为车辆经营性质问题，残值低等。

三是互联网化尚未成熟。主要体现包括：租赁企业以本地化、线下经营为主，缺少线上下单渠道；本地化、线下经营获客渠道有限；互联网获客成本较高等。

三、趋势展望

（一）融资租赁面临调整

当前，我国的汽车融资租赁仍处于非常初级的探索发展阶段。随着公共交通基础设施的完善、汽车的使用率与普及率提升、市场监管规范及行业发展政策的出台，汽车融资租赁仍有较大的发展空间。基于对公共交通基础设施以及环境保护等方面的综合考量，国内一、二线城市汽车保有量增速已经明显放缓，一线城市以及部分二线城市已经开始施行不同程度上的车辆限购与限行管制。汽车融资租赁企业想进一步挖掘与拓宽市场容量，就必须进一步深入到除了一、二线城市之外的三、四线城市中去抢占消费市场。随着我国二手车市场的持续繁荣，二手车融资租赁业务将得到明显带动。

（二）分时租赁稳中求进

有业内领先的分时租赁线上平台企业曾经提出：未来可以在中、小城市中与各中、小型企业合作，充分利用其市场淡季时的闲置汽车，将其用于线上端平台分时租赁使用，从而填平波谷，有效地增加汽车租赁淡季期间的汽车使用率与企业收入。可以看出，随着清洁能源的推广以及全国基础设施的完善，与线下自持车辆企业合作以及向中、小型城市拓展业务，将是分时租赁企业在未来三年内的主要发展趋势。

在旅游交通领域，汽车分时租赁与住宿以及场地（比如酒店、餐馆）的分时租赁融合以及与大交通的融合，从而实现在交通枢纽落地分时租赁，将会成为分时租赁在旅游交通领域的未来发展主要趋势。

在汽车制造商层面，无人驾驶智能技术的诞生，促使各大汽车厂商预测到了一种极具可能性的未来汽车使用局面——终端消费者自持车辆的情况将越来越少，分时租赁平台将成为未来终端汽车消费者使用汽车最主要的平台接口。因此，很多主机厂开始为了自己未来的产品出口而投资布局分时租赁企业。可以看到，新的模式正在萌芽，新一轮的成长也正在发生，但分时租赁企业目前仍然面临着盈利艰难的紧迫局面。因此，“逐步发展、稳中求进”将会是在未来相当一段时间内，分时租赁企业最主流的发展特征。

（三）公车改革多管齐下

分时租赁在中央与国家机关层面公车改革过程中已经起到了重要的作用，成为典型案例。随后，在中央与国家政府其他机关部门、中央国有企业以及各地政府机关部门和地方国有企业内的公车改革当中将持续发挥积极作用。

在公车改革及新能源车辆使用的各种政策鼓励与奖励红利的基础之上，各类民间单位、组织也将开始用车改革，分时租赁有望将政府部门与单位内的“公车改革”延伸成为全社会的“用车改革”，从而进一步积极、有效地为缓解城市交通拥堵，减轻城市污染物排放量做出自己的积极贡献。

在公车改革措施领域，以北京市为例，除了分时租赁用车外，公车改革措施中的用车改革还包括建立全市统一的“公车池”，用于提供老旧淘汰公车的更换车源；由几个单位共同建立起共享性质的“用车平台”，使得原来只属于某一个或某几个单位使用的公车资源可以在多个单位内部进行共享使用，从而达到有效平衡公车资源的目的，令某些单位原先经常闲置的公车派上用场，而令有些原先用车紧张的单位在用车资源上得到积极有效的缓解。此外，以“公务租车”形式为典型代表的常规性质的汽车租赁也成为解决公车改革背景下的各级政府以及事业单位用车问题的重要途径之一。曾经有业内人士提出——汽车租赁可以说是最可靠、最具可行性、最经济的公车改革的方式。不难看出，在多种措施与形式并行的背景下，随着我国汽车租赁产业的不断发展与新业态、新模式的萌发以及产生，我国的公车改革事业未来还将呈现持续、深入、稳定发展的综合态势。

（四）经营网络加快形成

在未来的汽车租赁市场方面，主战场将从现在的省内主要地级城市、国内主要省会城市以及国内一线城市等向以省内各地级城市为主的各中、小型城市辐射转变；租赁业务比重方面，自驾租赁业务比重将进一步增加：原先没有自驾租赁业务的公司将会出现自驾租赁业务，拥有自驾租赁业务的公司其业务比重也将明显提升。

调研数据表明，将近三成参调企业认为信息化技术将会大部分取代人工服务，这与前面一成多的参调企业表示旗下网点已开始出现人员数量递减的趋势不谋而合；而超过三成的参调企业坚信信息化技术无法完全取代人工服务，说明人工服务依然具备其在行业中存在的必要性。

因此可以判断，未来自驾租赁线下网点发展趋势将会是：随着信息化技术的不断发展以及自助式服务在自驾出行的主要客群——青、中年客群当中得到广泛接受，其在实际运营中的应用比例将会不断增高，与之相对应的，则是线下网点的服务人员数量将会出现进一步的持续减少。

（五）企业走向集中与联合

根据对于此次调查以及相关数据的分析可以看出汽车租赁企业的主要趋势：一是从国有企业为主逐渐转变为民营企业占据多数，原先单纯的国有企业也开始逐渐向国有控股以及国有参股等国企改制的方向发展，社会资本的不断加入推动着整个行业的激烈竞争以及高速发展，未来三年内依旧会维持这样的发展趋势。二是业务接口以及市场渠道从过去最初的单纯线下到现在线上与线下相结合，再到未来单纯的线上平台越来越多，资源逐渐聚集整合的发展趋势。三是汽车租赁企业间的竞合关系从过去传统的单纯的竞争关系转向竞争与合作相并存，再到未来的合作大于竞争的关系。四是整个旅游汽车租赁行业将经历从过去的自持车辆重资产到现在的自持与平台并存再到未来实现对车辆资源的充分利用，从而达到轻资产形态的发展趋势。

参调企业的需求以及其对未来业态延伸发展的预判表明了其实际需求。这些需求，尤其是联合旅游资源终端方建立客户信用体系的需求切实体现出了旅游汽车租赁企业在现实发展过程中的痛点与难点所在。产业融合需求的出现将会相应地刺激供给的实现。分时租赁从出现到发展再到不断壮大，更直观地体现出了旅游汽车租赁产业发展过程中对共享的新定义与强需求。

（六）平台化共建共享

延伸、融合以及共享是最主要的趋势。其中最可行的是集中采购、车辆调配和信息共享。

行业协会将成为行业内部重要的综合性平台。在协会的组织与领导下，企业联合出面与厂商进行保险与车辆的集中性规模化采买，有助于集合人财物，形成合力，争取到更优质的产品、更优惠的政策、更实惠的价格以及更完善的服务。

在旅游汽车租赁的淡、旺季期间的车辆有效调配，一方面可以帮助中、小型汽车租赁企业在不添加任何车辆的基础上，有效解决其在“旺季无车用、淡季车无用”的尴尬局面；一方面，可帮助大型汽车租赁企业解决其车辆过剩、车辆闲置的问题；另一方面，还可以助力会内各分时租赁企业解决车辆使用问题，可谓一举多得。

牵头建立起旅游租赁行业的客户信用体系并促成各会员间的客户信用信息共享。携程自驾游预订平台、悟空自驾游预订平台以及多家分时租赁企业，已经通过参考阿里集团建立起的“芝麻信用”体系来确定客户信用水平，从而达到简化客户预订手续、减免客户押金数额并且提高客户租赁体验的目的。建立共享信用体系，有助于实现集体规避风险，提高运营效率的发展目标。

（七）行业组织角色凸显

2018 年底，中国旅游车船协会旅游租赁分会正式成立。中国的旅游租赁行业终于有了一个正式、规范、专业的租赁行业社团组织，旅游租赁分会的成立也同样填补了旅游租赁行业协会组织在国际上的空白。在未来的发展中，租赁行业组织，在促进交流基础之上，牵头进行行业数据搜集、记录、整理与研究工作，形成数据库；调研会员单位以及行业企业，研制和发布行业发展报告，为政府、主管部门、企业及周边产业发展提供重要参考依据。通过牵头制定旅游租赁领域的国家标准、行业标准和团体标准，牵头制订全国范围内的汽车租赁服务领域的行业标准，努力统一行政执法部门的管理与监管标准，参与国际标准的起草和实施，有效规范行业，促进成熟、健康、良性发展。

（八）新技术研制与应用

氢能源产业受重视程度越来越高。公开数据显示，目前已有 20 多个省份出台氢能的发展规划和氢燃料汽车的发展规划，形成了华东、华中、华南、华北、东北以及西南等六个氢能和氢燃料电池汽车的产业群。2019 年，“推动加氢站建设”首次写入《政府工作报告》。根据《中国氢能产业基础设施发展蓝皮书（2016）》中的预计，到 2020 年时，中国氢燃料电池车辆有望达到 1 万辆；到 2030 年时，氢燃料电池车辆保有量将达到 200 万辆，占全国汽车总产量的比重约 5%，氢燃料电池汽车产业产值有望突破万亿元大关。

谷歌自动驾驶汽车于 2012 年获得了美国首个自动驾驶车辆许可证。2017 年底，北京市制定并且发布了针对自动驾驶车辆道路测试的《指导意见》以及《实施细则》，规范推动自动驾驶汽车的实际道路测试。在 2018 年，深圳市向腾讯公司核发了智能网联汽车道路测试通知书和临时行驶车号牌。我国的智能技术企业华为公司在其与百度等企业联手参股共同打造的智能电动汽车——威马汽车成功实现量产下线并已在全国范围内的 16 个城市交付的基础上进一步发力——宣布联合奥迪开发

5G 联网汽车，最快于 2020 年前问世。自动驾驶与智能汽车的时代如期而至。

无线感应充电技术——即不需要电线，只通过感应即可充电的一项实用技术，已经成功地在包括电动牙刷、遥控器以及部分智能手机上实现了应用。比亚迪在 2005 年申请了非接触感应式充电器专利，并曾卖给犹他大学一辆 40 英尺的纯电动巴士。这款巴士上装配着最新的 WAVE 无线充电垫，司机将巴士停在充电垫上，经历数分钟的等待就可以充满电量。

新能源、自动驾驶技术以及无线感应充电技术等先进技术的出现、应用以及普及，在大大增加汽车出行的便利程度的同时，将极大降低汽车出行的各种成本。这将突破驾驶证准入、新能源补给等“瓶颈”，进一步带动汽车租赁产业的发展。

《自驾游目的地等级划分》LB/T 077解读

北京同和时代旅游规划设计院　付磊

一、出台背景

中国现代意义上的自驾车旅游，始自20世纪90年代汽车进入家庭，并于新世纪之初随着汽车的快速普及而大行其道。从汽车进入国人生活至今，我国的自驾游经过了两个发展阶段，正在进入第三阶段。第一个阶段，是从20世纪90年代到20世纪末，从无到有。第二个阶段，是21世纪之初的“十五”开端到“十二五”末，从小到大。到“十二五”期间，自驾游已经成为最大的出游群体。第三个阶段，以国家颁布促进自驾游发展政策，专门的标准、业态和行业组织陆续形成，自驾游人群走向成熟等为标志，意味着从“十三五”开始，自驾游开始进入讲规范、重品质、求效益的第三个阶段，集约型发展阶段。

2016年11月7日，国家旅游局、国家发展改革委等部门共同印发的《关于促进自驾车旅居车旅游发展的若干意见》(以下简称《意见》)(旅发〔2016〕148号)，是第一次指导自驾车旅居车和露营旅游的系统性、蓝图性的文件，描绘了美好的近期蓝图：到2020年，重点建成一批公共服务完善的自驾车旅居车旅游目的地，推出一批精品自驾车旅居车旅游线路，培育一批自驾游和营地连锁品牌企业，建成各类自驾车旅居车营地2000个，初步构建起自驾车旅居车旅游产业体系。《意见》要求：制定出台《自驾游目的地基础设施和公共服务导则》，引导各地完善自驾游设施和服务体系，支持重点自驾车旅居车旅游目的地建设完善自驾游服务中心、加油站、维修站、停车场、旅游厕所、观景平台等服务体系。

经过多年建设，中国高速公路总里程超过 13 万公里，为世界上高速公路总里程数第一的国家。虽然受经济影响，汽车销售放缓，但是中国距离汽车保有量第一大国近在咫尺。从近年来的真实需求和产业实践看，自驾游已经成为国民出行的主体形态，而且这种结构变化是不可逆转的。这要求城市、城镇以及乡村的基础设施和公共服务体系，都要考虑人车一体的需求。作为旅游目的地，作为旅游服务设施，自驾游导向是必需的、必然的。不以自驾游为导向的目的地，是难以适应客观需求和市场趋势的。

根据中国旅游车船协会 2018 年问卷调查，参加问卷有 20 个市级和县级旅游目的地。根据调查结果，在自驾游基础设施和公共服务方面，只有少数目的地在硬件设施上有所举动，在公共服务上的欠缺普遍非常大；对景区的调查结果显示，吸引和服务自驾游需要依仗景区之外的设施与服务，也就是目的地的相关配套。针对自驾游俱乐部的问卷也显示，目的地的基础设施和公共服务不足，是制约组织开展大型自驾游活动的最大制约因素。

从 2014 年开始，国家密集出台了多项关于自驾游和露营的政策文件，这些文件的实施，在 2017 年有了明确的指向——服务体系。无论是交通与旅游融合发展，还是自驾游行业的实践，都凸显了包括公共服务在内的服务体系对于自驾游的必要性。自驾游服务体系，包括基础设施的硬件，包括政策、信息、营销等软件，也包括自驾游服务企业等要素。应该说，在 2016 年以及之前，发展自驾游、露营的主力是社会力量，即各类俱乐部、旅行商和露营地，从自发走向自觉。从 2017 年开始，特别是以文旅融合为标志，相关工作都指向公共服务。由此，以公共服务为核心的自驾游服务体系，是自驾游目的地标准制定的主要指向。2017 年 5 月 22 日，旅游行业标准《自驾游目的地基础设施与公共服务指南》LB/T 061 正式发布，于 2017 年 11 月 1 日起实施。2019 年 9 月 4 日，文化和旅游部正式发布了旅游行业标准《自驾游目的地等级划分》LB/T 077。

二、结构和适用范围

《自驾游目的地等级划分》LB/T 077 的出台，迎合了自驾游成为市场主体的需要，有利于引导自驾游消费，保障自驾游消费者权益；为各地方发展自驾游提供指针，在文旅融合框架下提供差异化选择，优化自驾游供给；为评估自驾游在特定区域发展的绩效、品质提供标尺，促进自驾游目的地的品牌化。

（一）总体结构

《自驾游目的地等级划分》LB/T 077(以下简称《标准》) 共有六章，分别是范围、规范性引用文件、术语和定义、等级划分的依据、等级划分的必备条件、等级划分的一般条件（见图 4–1）。

在结构上,《标准》借鉴了《旅游度假区等级划分》GB/T 26358、《旅游区（点）质量等级的划分与评定》GB/T 17775 等进行等级划分的旅游标准，与《自驾游目的地基础设施与公共服务指南》LB/T 061 相衔接，体现了标准体系的规范性和衔接性。

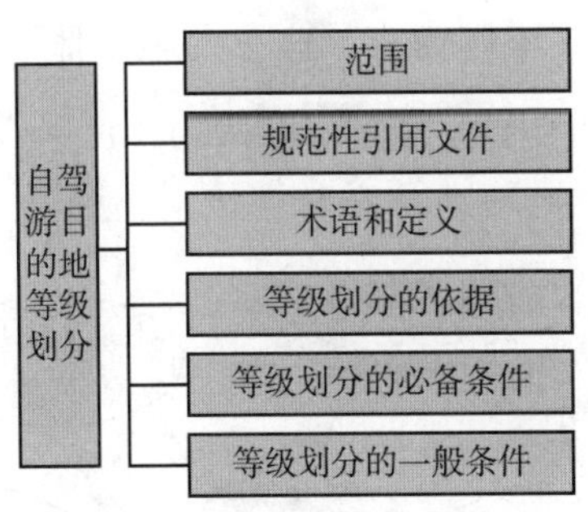

图 4–1 《标准》的总体结构

（二）适用范围

《标准》适用于将自驾车旅游作为主要管理和服务对象的区域。随着汽车的普及，对于城乡居民尤其是城市居民而言，自驾出游几乎是每年的“必修课”。集中出行也带来一些问题，在节假日公路拥堵、无处停车成为常态。越来越多的旅游服务场所，如旅游景区、酒店客栈、乡村旅游区、旅游度假区，以及城市和乡村，都开始围绕自驾游的需求开展相应服务。

那么如何界定“将自驾车旅游作为主要管理和服务对象”呢?《标准》的指向是“自驾游目的地”。所谓目的地，是终极指向性质的，不是过境地或者短暂停留地。旅游目的地的范畴与客源地的范畴相对应的。一般而言，一定空间上的旅游资源与旅游专用设施、旅游基础设施以及相关的其他条件有机地结合起来，就成为旅游者停留和活动的目的地，即旅游目的地。旅游目的地是旅游活动中最重要和最有生命力的部分，也是旅游接待的载体，是建立旅游者所需要的旅游吸引物和服务设施的所在地。

“主要”就需要自驾游比重要高。按照中国旅游车船协会的《自驾车、旅居车和露营旅游年度报告》，近年来全国自驾游人数占到国内出游总人数的比重为六成以上。对于一个适用于本标准的目的地区域而言，自驾游比重应该至少占到 60%，或者说能够将自驾游比重达到或超过全国总体水平的区域。

本标准适用的“区域”，是有明确管理边界和管理权限的区域，其管理者作为标准实施主体。这类区域的管理者应能够调动、整合区内资源，建设和维护基础设施，提供自驾游服务。对于中国而言，这个实施主体一般是政府或者政府派出机构。对应的区域包括地级市（区）或盟、县级市（区）、县或旗，较大规模的乡镇，

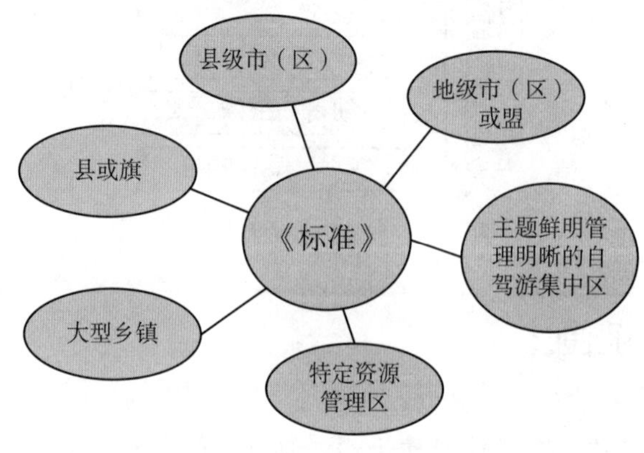

图 4–2 《标准》的适用范围

以及管理权明晰的资源管理区，例如旅游度假区、国家公园等。本标准也适用于跨行政区划但旅游主题鲜明、管理分工明晰的自驾游活动集中区（见图 4–2）。

本标准不适用于省、自治区、直辖市层级的行政区域，也不适用于比省区市更大范畴的地理区域，例如东北地区、华南地区等。

三、主要概念界定

《标准》对自驾游地相关的术语和定义进行了界定，包括自驾车旅游、自驾游目的地、自驾游基础设施、自驾游公共服务、自驾游线路和自驾游驿站等。

自驾车旅游，以自己驾驶机动车为主要交通方式的旅游休闲活动，简称“自驾游”。据公安部统计，2018 年机动车保有量达 3.27 亿辆，其中小型载客汽车首次突破 2 亿辆；机动车驾驶人突破 4 亿人，其中汽车驾驶人 3.69 亿人；全国有 61 个城市的汽车保有量超过百万辆，有 27 个城市超 200 万辆，有 8 个城市超 300 万辆。从近五年的自驾车出游人数统计情况来看，自驾出游人数持续增长，出游人数占国内旅游人数比例稳定在 60% 数以上，成为国民旅游的主体形态。

自驾游目的地，是能够成规模吸引和接待自驾车游客抵达并停留一段时间开展休闲旅游活动的区域。关键词是规模、吸引、接待、抵达和停留。这要求资源有吸引力、接待设施充足、可进入性和集散能力强，体验内容丰富，即进得来、散得开、待得住、玩得转、走得了。一般而言，作为一个自驾游目的地，自驾车游客的比重应不少于 60%，人均停留时间应不少于 2 天。

自驾游基础设施，是为自驾游活动提供基本的保障支持服务的物质工程设施，包括道路、停车场、加油站、集散中心、驿站、营地、驻车观景台、环境卫生设施、标志标识等。自驾游公共服务，是城市政府、相关部门通过公共职能介入或公共资源投入为自驾游活动提供的相关服务，包括咨询、救援、公共信息、投诉受理处理、营销推广等（见图 4–3）。

自驾游线路，是串联旅游资源和服务设施，能够成规模吸引和接待自驾车旅游的线性空间。自驾游线路与风景道有很大的关联性，但不能画等号。在自驾游线路中，包含有自驾游风景道。自驾游风景道，是在视域之内具有优良的自然或人文景观的车行道路。这个风景道（Scenic road）与绿道（Greenway）或者公园道（Parkway）的含义是有所不同的。绿道或者公园道，是以慢行道为主体，配套游憩设施的线形绿色开敞空间，即用于徒步或者骑行。而自驾游风景道是机动车道路。148 号文件要求，编制出台国家旅游风景道、旅游公路和自驾车旅居车营地建设规划，加强边境地区、少数民族地区和丝绸之路沿线、长江经济带等重点旅游区（带）自驾车旅居车营地建设，形成国家旅游风景道自驾游营地服务体系。

与自驾游线路紧密相关的概念有自驾游驿站和驻车观景台。自驾游驿站是位于道路沿线，为自驾车旅游提供停车、如厕、采购、快餐、短时休息和补给服务的构筑物及附属 设施。驻车观景台是在自驾游线路或风景道沿线，车辆可短时安全停泊，游客欣赏景观的平台。驿站是自驾游短暂休整的停泊点。驻车观景台则是线性景区的主要观览场所。

其他与《标准》相关的术语还有：旅居车，指配备卧室、起居室、卫生间和厨具等基本生活设施，通过自力行驶或借助外力牵引行驶的交通工具，也称为“房

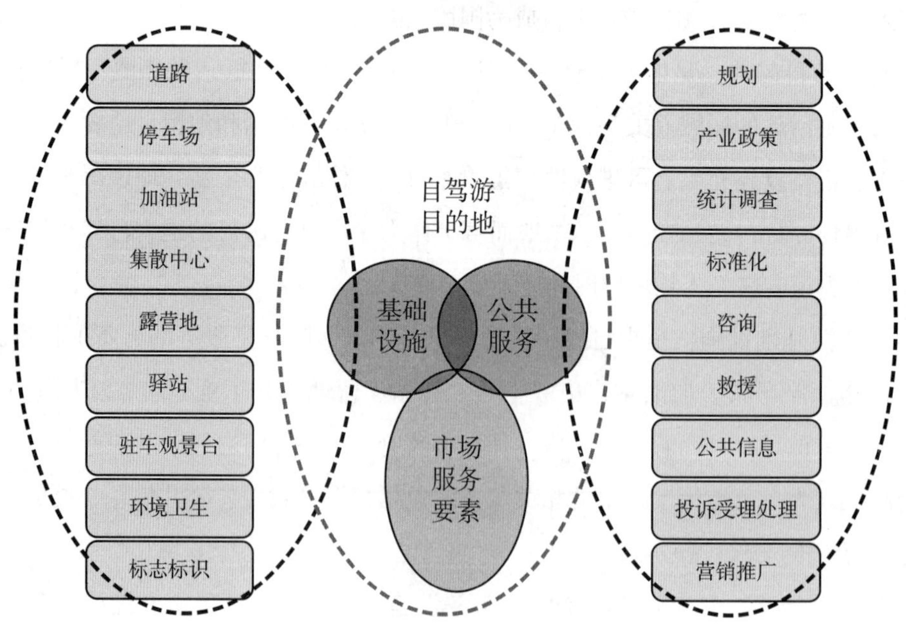

图 4-3　自驾游目的地体系结构示意

车”；露营是指使用自备或租赁设备，以在野外临时住宿和休闲生活为主要目的的活动方式；露营地是指有明确范围和相应休闲服务设施的露营场所。

四、等级划分和依据

自驾游目的地划分为 2 个等级，从高到低依次为国家级自驾游目的地、省级自驾游目的地。等级划分的依据包括必备条件和一般条件 2 类。其中必备条件规定了自驾游目的地应具备的门槛条件。

标准化不是“一刀切”，并不排斥个性化。标准化鼓励个性化，但个性化一定是在满足基本功能基础之上的个性化。这样才能满足旅游者的基本需求，保障消费者的基本权益。

一个自驾游目的地，服务对象不仅仅是游客，还有游客所驾驶的车辆。这些车辆的类型多样，包括小轿车、越野车，也包括 SUV、旅行车，以及旅居车，也就是常说的“房车”。新能源汽车的比重越来越高。

在自驾游过程中，人与车是融为一体的。这要求有一定的面向车辆的基本的服务设施和服务内容。最直接的就是自驾游线路、营地、驿站等。在满足门槛条件基础上，各地结合自身特点，发挥综合优势，打造吸引力高、竞争力强的自驾游目的地。

五、必备条件

一个地方需要满足一定的必备条件，才能成为合格的自驾游目的地。而具备一定等级的自驾游目的地，比如省级的、国家级的，除了必要的基础设施和服务要素外，还应该有更高更层面的要求，保障服务体系和产业体系的运转，从而能都代表一个省区市乃至国家的自驾游品质和水准。

《标准》对自驾游目的地提出了 9 项必备条件：

——制定和实施自驾游发展规划。

——制定和实施支持自驾游发展的政策措施。

——有自驾游调查统计。

——有一定数量和品质的自驾游线路。其中，国家级自驾游目的地的自驾游线路不少于 3 条。

——有一定数量和品质的自驾车旅居车营地。其中，国家级自驾游目的地的自驾车旅居车营地不少于 3 个。

——有一定数量和品质的自驾游集散中心和自驾游驿站。其中，国家级自驾游目的地的自驾游驿站不少于 3 个。

——有自驾游突发事件应急预案。

——有自驾游救援机构。

——有自驾游公共信息服务平台。

这 9 项必备条件，体现了在管理统筹、基础设施、安全保障和公共信息上的基本要求，与《自驾游目的地基础设施与公共服务指南》LB/T 061 的相关条件相衔接，并在自驾游线路、自驾车旅居车营地、自驾游驿站等方面进一步突出和明确。

2014 年以来，国务院以及相关部门出台了不少关于自驾游和露营的政策文件，但执行尚不到位，很多政策缺少实施细则和操作办法，各个地方对政策的认识理解和落实力度也有很大的差异，造成了露营地、自驾游俱乐部成为“灰色”业态。从文件要求和建设督查来看，旅游主管部门对自驾游、露营地实施行业管理，但在工商注册、规划立项、用地审批等前置环节，制度供给明显是滞后的。房车能否上牌上路，直接影响消费者和营地的购买决策。这些前置环节，决定了露营地项目建设是否合规、产权是否明晰，实质上也决定了资本进入的决心和经营者的信心。作为自驾游目的地，应有力、有效地贯彻实施国家关于自驾游发展的各项政策措施，并切实做好配套，确保落到实处。

自驾游入法是近年来重要的事件和动向。进入“十三五”后，多个省区市对旅游条例进行了修订，将自驾游和露营作为条例的重要内容，结合自身特点提出了相应的要求。

例如《广东省旅游条例》第三十六条规定，县级以上人民政府应当推动建设自驾车房车营地、自驾游基地，完善自驾旅游服务保障体系，为自驾车旅游者提供道路指引、信息咨询、医疗救助、安全救援等方面的服务。《山东省旅游条例》第十一条规定：设区的市和重点旅游县（市、区）人民政府应当统筹规划和建设旅游集散中心、汽车旅游露营地、汽车租赁服务站等旅游公共服务设施。

《江苏省旅游条例》对自驾游和露营的要求最为全面，其中包含了标准化的内容，第二十条规定：县级以上地方人民政府应当规划建设房车露营地、自驾游基地，完善自驾旅游服务保障体系，为自驾旅游者提供道路指引、医疗救助、安全救援等方面的服务。鼓励旅游经营者开发自驾旅游产品，鼓励汽车租赁公司开展异地还车业务。省人民政府有关部门应当加强对落地自驾旅游的政策支持，促进落地自驾旅游管理制度化和服务标准化。

《关于促进自驾车旅居车旅游发展的若干意见》（旅发〔2016〕148 号）要求，立足现有自驾游数据采集点和采集系统，健全自驾游信息的统计、监测与预警系统，合理引导自驾游游客流量和流向。加强自驾游沿线生态保护敏感点或区域的生态环境监测与评估，及时掌握自驾车旅居车旅游的生态环境影响状况，避免自驾游对生态敏感点或区域造成不良影响。

六、一般条件

《标准》设置了一般条件，包括了管理统筹、支持促进、资源组合、自驾游线路、交通设施、服务要素、旅游厕所、环境卫生、标识导引、安全救援、公共信息、游客满意度、服务质量管理等 13 个方面（见图 4–4）。

（一）管理统筹

在管理统筹方面，《标准》提出：

——有统筹协调自驾游发展的专门机制。

——将发展自驾游纳入经济和社会发展规划、旅游业发展规划。

图 4–4　自驾游目的地一般条件示意图

——在国土空间规划及相关规划中考虑自驾游基础设施和公共服务对土地、空间、资源和设施等方面的需要。

——成立自驾游行业协会，支持当地企业加入区域自驾游行业协会并发挥作用。

——广泛开展自驾游的区域协作和线路合作。

——通过告知、标识、警示、管控等方式保障自驾游活动遵循保护资源、环境和遗产的要求。

1. 规划统筹

2019 年 5 月，中共中央、国务院《关于建立国土空间规划体系并监督实施的若干意见》指出，到 2020 年，基本建立国土空间规划体系，逐步建立“多规合一”的规划编制审批体系、实施监督体系、法规政策体系和技术标准体系；基本完成市县以上各级国土空间总体规划编制，初步形成全国国土空间开发保护“一张图”。到 2025 年，健全国土空间规划法规政策和技术标准体系；全面实施国土空间监测预警和绩效考核机制；形成以国土空间规划为基础，以统一用途管制为手段的国土空间开发保护制度。到 2035 年，全面提升国土空间治理体系和治理能力现代化水平，基本形成生产空间集约高效、生活空间宜居适度、生态空间山清水秀，安全和谐、富有竞争力和可持续发展的国土空间格局。

根据《中华人民共和国旅游法》，国务院和县级以上地方人民政府应当将旅游业发展纳入国民经济和社会发展规划，国务院和省、自治区、直辖市人民政府以及旅游资源丰富的设区的市和县级人民政府，应当按照国民经济和社会发展规划的要求，组织编制旅游发展规划。根据旅游发展规划，县级以上地方人民政府可以编制重点旅游资源开发利用的专项规划，对特定区域内的旅游项目、设施和服务功能配套提出专门要求。各级人民政府编制土地利用总体规划、城乡规划，应当充分考虑相关旅游项目、设施的空间布局和建设用地要求。规划和建设交通、通信、供水、供电、环保等基础设施和公共服务设施，应当兼顾旅游业发展的需要。

自驾游目的地规划，属于《旅游法》中规定的专项规划。自驾游目的地应把发展自驾游纳入国民经济和社会发展规划，并作为旅游发展规划的重要内容，以指导自驾游目的地专项规划的编制。在制定国土空间规划、土地利用规划、城乡规划时，应当充分考虑自驾游相关项目、设施的空间布局和建设用地要求。规划和建设交通、通信、供水、供电、环保等基础设施和公共服务设施，应当兼顾自驾游发展的需要。

在国务院正式下发《“十三五”旅游业发展规划》中，提出加快发展自驾车旅居车旅游。建设一批公共服务完善的自驾车旅居车旅游线路和旅游目的地，培育营地连锁品牌企业，增强旅居车产品设计制造与技术保障能力，形成网络化的营地服务体系和比较完整的自驾车旅居车旅游产业链。目前，青海、甘肃、陕西很多省区市都编制了自驾游和露营地发展规划。这些国家和省级规划的编制，为自驾游目的地制定相应规划提供了指导和依据。

2. 协作统筹

随着自驾游快速发展，各地自驾游协会相继成立。截至 2018 年底，省级自驾游协会数量增加到 26 个，市级协会数量超过 200 个。全国自驾游相关协会已经成为一个巨大的网络，在推动自驾游业态、制定标准、参与政策制定、组织行业交流等方面发挥了积极作用。

自驾游具有天然的跨区域性。通过区域和线路合作，长线自驾游活动近年来迅速品牌化。例如著名的318国道致力于打造“中国人的景观大道”；“丝绸之路”自驾游已形成跨区域的，具有全国乃至国际影响力的标志性自驾线路；内蒙古东部联合打造乌阿海满黄金自驾游线路，即乌兰浩特—阿尔山—海拉尔—满洲里。

“绿水青山就是金山银山”，生态文明是经济社会发展的前提保障，也是旅游业必须遵循的生命线。自驾游的根本诉求，是融入自然、回归自然。自驾游具有亲近自然、建设强度小的特点，必须坚持环境至上、资源保护的前提，遵循各类资源保护规划和区划的要求，突出必要服务、适度服务、特色服务的基本导向，构建绿色、低碳、共享、多功能的自驾游服务体系。

（二）支持促进

在支持促进方面,《标准》提出：

——每年有支持自驾游发展的公共资金。

——通过媒体、网络、交易会等多种途径广泛宣传推介自驾游线路和目的地形象。

——组织举办自驾游节会、赛事等专项活动，有知名度和美誉度。

——持以文化交流、环境保护、慈善帮扶等公益事业为主题的自驾游活动。

作为旅游目的地，发展自驾游需要公共资金支持。《关于促进自驾车旅居车旅游发展的若干意见》（旅发〔2016〕148号）明确要求：中央财政加大对纳入国家规划和年度建设计划的营地项目和中西部贫困地区的营地建设项目的支持力度。各地要加大对自驾游道路、停车场、厕所、电信、环卫处理等基础设施建设的支持力度。自驾车旅居车旅游营地的用水、用电价格实行与工业企业相同的价格政策。鼓励旅游产业投资基金向营地经营龙头企业和重点建设项目提供资金支持。

节会活动与自驾游有天然黏性，也是通用营销方式。根据中国旅游车船协会的调查，2018年，15家省级自驾游和露营协会组织的自驾游露营展览或交易会平均为3.25次。例如“越野e族英雄会”，自2011年落户阿拉善以来，已成为集竞技运动、文化展示、沙漠探险、度假体验、沙漠游览于一体的旅游大聚会。2018 第 13 届阿拉善英雄会更加具有“国际范儿”，吸引了中国、意大利、西班牙、德国、巴西、哥伦比亚、法国等国家和地区的十余万宾客参与。

自驾游目的地一方面应结合资源特点和自驾游主题，举办富有特色的节会活动，并作为标志性的营销事件，打造独特的自驾游 IP，将自驾游产品与营销事件融为一体；另一方面，承办或是联合举办国际性、全国性或区域性的赛会活动。节会活动需要持续举办，以形成稳定的市场预期和品牌影响。

（三）资源组合

关于资源组合,《标准》要求：

——有山地、森林、草原、湖泊、河流、海洋、沙漠等两种以上的自然资源组合。

——有可生动体验的、与自然环境融合的历史文化、民族风情、风土民俗等人文资源。

——有达到 GB/T 17775 相应要求和等级的 A 级旅游景区。

——有达到 GB/T 28929 要求的休闲农庄。

——有达到 GB/T 26358 要求的国家级或省级旅游度假区。

——有达到 GB/T 26362 要求的生态旅游示范区。

——有国家公园、风景名胜区、森林公园、地质公园、湿地公园、水利风景区等自然保护地和资源聚集区。

——有古城、古镇、古村落、古关、古道、古驿站等文化遗产以及非物质文化遗产。

——形成鲜明的自驾游、露营文化，游客可深度体验。

自驾游目的地的基础是吸引力，吸引力的基础是吸引物。这里引用的标准数量较多，都是关于旅游吸引物的相关标准，其中包括：

——《旅游区（点）质量等级的划分与评定》GB/T 17775

——《旅游度假区等级划分》GB/T 26358

——《国家生态旅游示范区建设与运营规范》GB/T 26362

——《休闲农庄服务质量规范》GB/T 28929

除了这些旅游吸引物之外，还有其他自然和人文旅游资源，例如国家公园。党的十九大报告中指出，要构建国土空间开发保护制度，完善主体功能区配套政策，建立以国家公园为主体的自然保护地体系。根据 2017 年 9 月公布的《建立国家公园体制总体方案》，国家公园是指由国家批准设立并主导管理，边界清晰，以保护具有国家代表性的大面积自然生态系统为主要目的，实现自然资源科学保护和合理利用的特定陆地或海洋区域。国家公园的首要功能是重要自然生态系统的原真性、完整性保护，同时兼具科研、教育、游憩等综合功能。

自驾游目的地的旅游资源需要具有多样性，尤其是自然旅游资源。因此《标准》要求有两种以上的自然资源组合。对于人文资源，要求是可生动体验的、与自然环境融合的历史文化、民族风情、风土民俗等。结合自驾游的过程性特征，也提出古关、古道、古驿站等文化遗产等资源要求。

随着消费观念的升级递进，自驾游作为一种生活方式、一种文化形态，越来越清晰地浮出水面，并与影视等艺术形式结合起来，日益得到国民大众的认可和接受。自驾游与文化、艺术的结合，有了很好的开始，但还停留在车辆和露营地这些直接的消费载体上，真正能与人产生互动和情感的文化艺术形态还是凤毛麟角。除了电影、电视之外，还有音乐、小说、诗歌、摄影、绘画、演艺等多种艺术形态，可以更加生动、更加深刻地展现自驾游和露营文化。自驾游的文化性，将成为今后的必修课，将在政策引导、人才培养、作品创造等方面体现出来。

（四）自驾游线路

关于自驾游线路，《标准》要求：

——依托和利用各类旅游景区、旅游度假区、生态旅游区、乡村旅游区、文物古迹等旅游资源聚集区，整合餐饮、住宿、娱乐、购物、运动等服务要素，形成自驾游线路。

——自驾游线路与历史上的走廊、古道等相融合。

——自驾游线路沿途合理设置自驾游驿站，特别是在没有城镇依托而需要短暂休整的地方。

——驿站有旅游厕所和小型停车场，停车位不少于 20 个。

——驿站有快餐、热水供应和自驾游日用商品售卖。

——自驾游线路沿途加油站的数量和分布满足需求。

——移动通信信号能有效覆盖线路沿途。

——自驾游线路的选线和运营让城乡居民尤其是乡村居民受益。

1. 自驾游线路

对于自驾游线路的要求，有几个主题词：整合、融合、主题鲜明、居民受益；还有个数量要求，即国家级自驾游目的地的线路数量不少于 3 条。

自驾游“线路”与自驾游“路线”是不同的，虽然只是字序的变化。路线是交通轨迹，主要是沿道路来延展的。只要有道路的地方，就会有路线。而自驾游线路是体验，本身就是产品，是资源、设施、服务与形象的综合体。有了好的自驾游线路，自驾游过程就成为终极吸引物。

一个自驾游目的地应塑造具有鲜明地标特征的若干自驾游线路，自然风景、历史文化、民俗风情、地理标志等都可以成为素材。丝绸之路、茶叶之路、太行八陉、茶马古道、318 国道、草原天路、环青海湖等都是非常有代表性的自驾游线路。自驾游线路应充分利用和串联既有资源和设施，尽量减少大拆大建，并为沿线来百姓带来商业机会和交流空间。

自驾游线路，是交通路，是景观路，是文化路，是旅游路，也是发展之路。一条好的自驾游线路可以有力地带动沿途的经济和社会发展，通过以文化交流、环境保护、慈善帮扶等公益事业为主题的自驾游活动，可以实现精准扶贫，共同富裕。东部和中部是西部自驾游的主要客源地，城市是乡村旅游的客源地。同样额度的花费，由于物价和生活成本的差异，对发达地区和贫困地区的效用是不同。自驾游扶贫的特点是距离长、门槛低、直接拉动，将东部、中部和城市的消费能力直接输入西部和贫苦地区。

近年来，在中西部地区，自驾游线路与旅游扶贫结合在一起，成为旅游目的地建设和营销推广的亮点和热点，湖南、山西、广东、陕西、云南、四川、新疆等省区发布了与扶贫攻坚紧密相关的自驾游精品线路。2019 年 4 月 27 日，文化和旅游部主办的“心灵四季・美丽中国”盛夏旅游推广季启动仪式上，重点推出了红色研学、乡村民宿、自驾露营等专题旅游产品，其中就包括“三区三州”自驾车旅游大环线。

2. 自驾游驿站

自驾游驿站，是自驾游线路和风景道上的必要设施。特别是在东北、西部、西南等城镇密度较低的地区，驿站是自驾游过程中重要的服务设施。内蒙古草原上的草原驿站，大兴安岭中的森林驿站，成为自驾游风景线上的亮点。

高速公路服务区的设置间距，是根据旅客的生理需求及车辆运行极限等结合经验确定的。美国规定服务区的标准间距为 40km，最大为 100km；日本规定服务区的标准间距为 50km。我国也是根据交通量、交通流的性质，并结合路网布局规划，合理地确定服务区和停车区的总体设置间距，一般规定如下：a）在距 50 万人口城市 150 km 范围内、交通流量较大、重要度高的高速公路上，或通往著名旅游景区的枢纽互通附近，宜设置中心服务区。b）在中心服务区之间可连续设置普通服务区；在中心服务区或者普通服务区之间，可设置停车区。c）中心服务区与普通服务区的平均间距不宜大于 50km，最大间距不宜大于 60km；停车区与中心服务区或者普通服务区之间平均间距宜大于 15km，最大间距不宜大于 25km。

参照高速公路服务区的设置原则，自驾车驿站的设置需要考虑游客的生理需求、车辆运行极限、沿途城镇和加油站布局以及风景资源分布等条件来设置。结合自驾车旅行的实践，在风景道等自驾游线路上的自驾车驿站，与驿站以及沿途城镇之间的距离，宜按照 50km 来考虑。

（五）交通设施

在交通设施方面，《标准》提出以下要求：

——有高速公路、国道或省道通达。

——干线公路与旅游景区、旅游度假区、民宿聚集区等旅游资源聚集区的连接道路通畅，路况好，能通行大型自驾游车队或旅居车。

——在自驾游线路上有风景道。

——在景观突出的适宜位置设置驻车观景台，供临时停车观览风景。

——有符合 LB/T 035 和 LB/T 036 要求的自行车骑行路径和绿道。

——有供越野驾驶体验的砂石路、土路等特种道路。

——自驾游线路上的旅游景区以及旅游经营场所，设置停车场，明线划分停车位，合理安排旅游大客车、旅居车和小客车分区停泊。

——停车场实施绿化，采用生态材料铺装，环保性好。

——在城市交通出入口设置具有集散功能的自驾游停车场，提供加油、车辆维修、旅游咨询、餐饮、洗漱、休息等服务。

——停车场有针对旅居车的水电补给及废弃物和污水收集处理设施，有针对新能源汽车的能源补给设施。

——设立自驾游集散中心，可与公共性的旅游服务中心合并设立。

——自驾游集散中心达到 LB/T 010 中城市旅游集散中心的相应等级的要求。

1. 道路与停车场

根据交通运输部发布的《2018 年交通运输行业发展统计公报》，到 2018 年末，全国公路总里程 484.65 万公里。2019 年 5 月，交通运输部等十二部门和单位发布《绿色出行行动计划（2019—2022 年）》，在加快城际交通一体化建设要求中提出，构建以铁路、高速公路为骨干，普通公路为基础，水路运输为补充，民航有效衔接的多层次、高效便捷的城际客运网络。

自驾游线路上应有风景道。《“十三五”旅游业发展规划》中明确，重点建设国家旅游风景道：以国家等级交通线网为基础，加强沿线生态资源环境保护和风情小镇、特色村寨、汽车营地、绿道系统等规划建设，完善游憩与交通服务设施，实施国家旅游风景道示范工程，形成品牌化旅游廊道。

绿道，是具有良好环境和景观，配套休息游憩设施，专供人从事步行、非机动车骑行等慢行活动的连续道路。世界上最早的绿道规划可以追溯到 1867 年美国波士顿公园系统规划。今天，绿道已经成为各地优化生态环境、拓展休闲空间的重要设施。在中国，广东绿道系统建设走在前列，到 2015 年全省绿道长度就超过了一万公里。“十二五”和“十三五”期间，是我国绿道密集建设时期，几乎每个地级城市都有绿道建成，绿道成为城乡生态游憩和大众休闲空间的标准配置。

《绿道旅游设施与服务规范》LB/T 035 提出了“绿道系统”的概念，即：绿道及其连接区域所构成的生态、景观、文化、游憩、运动、交通和服务系统。绿道宜沿着河流、湖泊、山谷、山脊线等自然走廊，或是用作游憩活动的废弃铁路、废弃公路、旧工厂、河渠、风景道路等人工走廊，宜串联公园、湿地、山地、河流、风景区、历史古迹、村落民居等具有生态和人文吸引力的区域和场所，宜沿循历史古道，在保护基础上进行遗产活化利用。

2. 旅居车

截至 2018 年底，中国旅居车保有量达到 100458 辆，这是首次超过 10 万辆大关。从旅居车保有量上看，2018 年是标志性的一年。从发展规律看，从 0 到 1 是最难的阶段，一旦突破后，从 1 到 10，再到 100，就会呈现出加速态势。2018 年 9 月，中共中央、国务院《关于完善促进消费体制机制进一步激发居民消费潜力的若干意见》中明确提出，支持邮轮、游艇、自驾车、旅居车、通用航空等消费大众化发展，加强相关公共配套基础设施建设。

作为一个人口大国、汽车大国、交通强国、旅游强国，中国旅居车保有量过低。按照 2017 年的数据，中国的旅居车占到总汽车保有量不足 0.04%，而美国的比例是超过 5%，这个落差是十分巨大的。旅居车在中国销售之前存在很多的限制，例如上路、停车、牌照问题。这些问题正在加速破解。除了经济基础、生活方式方面的差异，软件和硬件制约是最主要的因素。

可以预见，随着基础设施和公共服务的提升，消费理念的普及，生产能力的提高，管理制度的优化，旅居车的销售量也将迎来爆发式增长。自驾游目的地应该为旅居车的普及做好设施和服务支撑，除了旅居车上路许可，在停车场、集散中心、自驾游驿站、观景台，乃至酒店和社会公共停车场，都应有针对旅居车的水电补给及废弃物和污水收集处理设施。

3. 自驾游集散中心

近年来，各地建设了不少旅游集散中心，成为一项重要的旅游基础设施和公共服务中心。但这些集散中心的使用率不高，有些建成后就处于闲置状态。究其原因，很大程度上没有针对自驾游来服务。旅游集散中心面对的是散客，团队游是不需要集散中心的。自驾游已经占到国内出游量的半数以上，旅游集散中心的服务对象就是自驾车游客，这是散客的主体。但各地旅游集散中心的服务模式，多数并没有针对自驾游的特点和需要，甚至有些还停留在为团队大巴服务的阶段。这显然是行不通的。

自驾游，特别是落地自驾游，对集散中心的需求是非常迫切的。自驾游集散中心是与旅游交通枢纽的功能分不开的。中心城市往往都是旅游集散枢纽，例如北京、上海、广州、成都、重庆、西安、昆明等城市。应以这些枢纽城市为中心，建立区域自驾游服务体系。例如，以上海为中心的长三角自驾游服务体系、以北京为中心的京津冀自驾游服务体系、广州和深圳为中心的大湾区服务体系、成都为中心的川黔渝藏服务体系、西安为中心的西部服务体系、昆明为中心的滇藏服务体系。围绕枢纽城市，建设便捷旅游交通体系，建设由集散中心、集散分中心、集散点组成的集散中心体系，形成自驾游集散体系。

4. 新技术应用

根据公安部统计，2018 年，全国新能源汽车保有量达 261 万辆，比 2017 年增长 70.00%，占汽车总量的 1.09%。其中，纯电动汽车保有量 211 万辆，占新能源汽车总量的 81.06%。从统计情况看，近五年新能源汽车保有量年均增加 50 万辆，呈加快增长趋势。

2019 年 5 月，交通运输部等 12 部门和单位发布《绿色出行行动计划（2019—2022 年）》，提出，“以实施新增和更新节能和新能源车辆为突破口，在城市公共交通、出租汽车、分时租赁、短途道路客运、旅游景区观光、机场港口摆渡、政府机关及公共机构等领域，进一步加大节能和新能源车辆推广应用力度”。

人工智能、机器人、新能源等新技术的出现和应用，必将给自驾车旅游带来重大变革。新能源汽车意味着汽车租赁、共享汽车的成本和效益会更具商业价值。自动驾驶意味着自驾游群体的成倍扩张和基础设施的升级换代。人工智能、机器人技术的采用，将有效地降低自驾游经营管理成本，提高效率。

（六）服务要素

对于自驾游的服务要素，《标准》提出如下要求：

——有自驾车旅居车营地、帐篷露营地、青少年营地等类型的营地。

——自驾车旅居车营地达到 GB/T 31710.2 的要求。

——帐篷露营地达到 GB/T 31710.3 的要求。

——青少年营地达到 GB/T 31710.4 的要求。

——建成运营的各类营地的自驾车营位和旅居车营位的总数量一般不少于1000 个。

——有一定数量的自驾游俱乐部，符合 LB/T 044 的相应要求，组织丰富多彩的自驾游活动。

——汽车维修店的数量、类型和布局能满足自驾游的需要。

——在飞机场、火车站、酒店聚集区提供汽车租赁、落地自驾游服务，车辆种类多，能满足多种地形和距离的自驾游需求。

——汽车租赁联网运营，实现一地租车、异地还车。

——有摩托车、自行车、全地形车等休闲运动车辆租赁机构。

——有面向自驾游的主题酒店、特色民宿，分别符合 LB/T 064 和 LB/T 065 的相应要求。

——有面向自驾游的特色餐厅，符合 GB/T 26361 的相应要求。

——有面向自驾游的特色购物场所，符合 GB/T 26356 的相应要求。

——有面向自驾游的休闲娱乐场所，符合 GB/T 26353 的相应要求。

1. 自驾车营地

关于营地，2015 年国家质检总局、国家标准委发布实施的《休闲露营地建设与服务规范》系列国家标准，包括四个部分：

——《休闲露营地建设与服务规范 第 1 部分：导则》GB/T 31710.1

——《休闲露营地建设与服务规范 第 2 部分：自驾车露营地》GB/T 31710.2

——《休闲露营地建设与服务规范 第 3 部分：帐篷露营地》GB/T 31710.3

——《休闲露营地建设与服务规范 第 4 部分：青少年营地》GB/T 31710.4

根据中国旅游车船协会的调查，截至 2018 年年底，全国建成营业的自驾车旅居车营地有 540 家，在建的自驾车旅居车营地约有 388 家；合计 928 家。根据对 50 家露营地的抽样调查，2018 年每个营地平均接待量为 5 万人 / 年。由此推测，2018 年建成营业的 540 家自驾车旅居车营地接待规模为 2700 万人左右。

根据 2019 年中国车船协会收集了 50 家自驾车营地在 2018 年的数据信息，每个营地的平均总营位数量为 368 个，平均每个营地有自驾车营位 159 个，旅居车营位 68 个，帐篷营位 151 个，木屋或集装箱营位 18 个；有 1/4 的营地除自驾车、帐篷、房车和木屋营位外还有其他宿营设施，如贝壳房、树屋、星空体验屋、联排别墅、蒙古包等。按照这个规模，作为一个自驾游目的地而言，自驾车露营地数量应该在 5 个左右，这样能够达到对营位数量的总体要求。

根据国际经验，露营是一个大产业，除了露营地，还包括旅居车、水电桩、帐篷、户外用品、移动卫生间、垃圾收集处理、木屋等设施和装备，以及教育、培训、节会、旅游等多个子行业。从“十二五”开始，我国的露营快速进入到城市家庭生活，成为周末近郊游、青少年夏令营的重要形态。进入“十三五”，露营活动、露营地则进入旅游、体育、交通、教育等部门统筹管理的范围。

2018 年 3 月，国家体育总局办公厅发布《关于加快推动汽车自驾运动营地产业发展的通知》，要求到 2020 年每省（区、市）至少建成 50 家专业性强、基础设施完善的汽车自驾运动营地，初步形成“三圈三线”自驾线路和汽车自驾运动营地网络体系。到 2025 年每省（区、市）力争建成 300 家汽车自驾运动营地。

2018 年 4 月，国家体育总局办公厅关于印发《全国青少年户外体育活动营地建设规范及器材目录》的通知，规范规定了青少年户外体育活动营地的规划、基础设置、公共服务设施、专项设施、服务、安全、卫生、医疗救护、资源和环境的保护、综合管理等方面的基本要求。

2019 年 9 月，文化和旅游部发布了《自驾车旅居车营地质量等级划分》行业标准，将 C 级确定为营地的等级形式，分为 3 个等级（即 3C 级、4C 级、5C 级），按照标准，营地需要具备服务中心、自驾车露营区、旅居车宿营区、服务保障区、废弃物收纳与处理区等基础功能区，同时根据自身条件，可设置儿童游乐、户外运动等特色功能区，体现了在标准化基础上注重差异化、个性化的原则。

2. 汽车租赁

相关数据显示，2018 年中国租车行业市场规模超过 700 亿元。汽车租赁，分为融资性租赁和经营性租赁两种，其中经营租赁市场增长迅速，2012—2018 年均增速高达 189%，2018 年在整个汽车租赁市场中经营租赁占据着 90% 的比重。

近年来，分时租赁崛起，通过 App 自助服务也是新兴方式。相对传统短租，分时租赁的计价规则有较大吸引力，按时间或按时间 + 里程付费均体现按需收费的用车理念。目前，中国汽车分时租赁市场是以新能源汽车为主的共享出行模式，这符合国家对未来交通出行方式的期望和要求。

分时租赁市场是新能源汽车重要批售渠道之一，未来租赁车辆将会快速增加。在“双限”的大环境下，分时租赁能够解决消费者日常通勤、旅游出行问题，在硬件设施支持下，年轻消费者群体需求将会不断开发。随着共享经济模式逐渐成熟，以及新能源汽车技术的提升，互联网汽车分时租赁市场在未来将继续保持较快速度增长。

面对数量庞大的旅游休闲出行人群，传统的汽车租赁企业开始改造租车流程、研发基于移动网络的 App、改变网络界面和支付方式等，更好适应旅游散客的需要。共享模式在汽车租赁行业得到应用。新模式不断产生，诞生了一批服务自驾游需求的专业公司。有的采取轻资产的网络化租车模式，更符合年轻旅游者的需求。有的主打新能源汽车，在旅游城市和主要景点周围布局，形成了租赁网络。

3. 落地自驾

汽车以及自驾游的发展得益于大交通的支撑，同时大交通工具的进步也会对自驾车产生一定的替代作用。汽车与飞机、火车之间存在互补和替代作用。在不同阶段，这两种作用的强度也不同。这种关系在互补和竞争中不断调整和优化。其中一个明显的结果就是落地自驾。

以旅行、休闲为目的的自驾车出行，是稳步增长的。这一方面来自于自驾车的自由性，另一方面也由于自驾游的文化性。说到底，自驾游是一种生活方式，而不是简单的交通方式。铁路和民航解决客源地和目的地之间的中长距离交通，那么落地后要么是公共交通，要么是自驾车。一般而言，公共交通的服务对象是居民，方便工作通勤和日常需求，对旅游出行而言则属于兼顾的功能。因此落地自驾是更为适宜的旅游出行选择。虽然有定制服务将自己的车辆托运到目的地，但这毕竟是少数。更便利、更经济、更可行的方式，是在目的地通过汽车租赁服务，开展落地自驾。

4. 服务业态

《标准》中自驾游相关服务业态所涉及的标准包括：

——《旅游娱乐场所基础设施管理及服务规范》GB/T 26353

——《旅游购物场所服务质量要求》GB/T 26356

——《旅游餐馆设施与服务等级划分》GB/T 26361

——《自驾游管理服务规范》LB/T 044

——《文化主题旅游饭店基本要求与评价》LB/T 064

——《旅游民宿基本要求与评价》LB/T 065

旅游形态的趋势，是从大巴、观光组转向散客。散客是怎么来的呢？从调查统计看，散客大部分是自驾车游客。举个简单的例子：如果是团队游的话，两辆大巴士可以拉 100 个人，100 个行李箱，那么一个领队、一个酒店、一个餐厅、一个商店、一条线路，就可以完成这个行程；但如果这 100 人是自驾游的话，就是 30 辆车，30 个后备箱，需要多个酒店、多个餐厅、多个商店、多条线路。从大巴团队游到散客自驾游，这种旅游形态的变化，是从线性的消费、线性的旅游，转向为云消费、云服务、全域游。

自驾游在出行中的消费选择是多样的，而且呈现出与团队出游不同的特点。以住宿为例子，营地虽然受到欢迎，但所占的比重依然非常低。根据途牛旅游网 2016

年一项调查，自驾游人群相对更加偏好非标准住宿，39.7% 的自驾游人群倾向于选择非标准住宿（民宿、客栈、度假公寓及其他），显著高于其他交通方式的旅游者 。但驴妈妈旅游网一份针对自驾游客户的网络调查显示，自驾游客户在住宿选择上更偏爱高星级酒店，人次占比超过 80%。这种两级分化的趋势，在一定程度上说明了自驾车游客对个性化住宿产品的需求和强劲的支付能力。

2018 年，我国各类汽车俱乐部约计 30000 家，专做自驾游的俱乐部约有 3200 家。这些俱乐部呈现连锁化、联合化发展态势，同时市场细分、服务专业的结果也让这些俱乐部在某些领域拥有绝对优势、积累经验、形成品牌，为未来吸引大资本投资、建立独特盈利模式、甚至向实体产品延伸都提供了可能。

（七）厕所和环境卫生

关于旅游厕所和环境卫生,《标准》要求：

——自驾游线路上有旅游厕所（可与驿站、驻车观景台统筹考虑），位置合理，数量满足需求。

——达到 GB/T 18973 的相应等级要求。

——在节庆活动和旅游高峰时期的自驾游车辆集中区域，结合需求增设环保厕所。

——在自驾游线路、停车场设置分类垃圾箱等废弃物收纳设施，外形美观，数量满足需求。倡导游客随车带走自产的废弃物。

——为游客提供环保型垃圾收集袋。

1. 旅游厕所

2015 年 1 月，全国旅游工作会议提出，从 2015 年开始，用三年时间持续推进“旅游厕所革命”。习近平总书记分别在 2015 年 4 月 1 日和 2017 年 11 月 21 日对旅游厕所革命作出重要指示，给予充分肯定。在完成《全国旅游厕所建设管理三年行动计划 2015—2017》的基础上，为深入贯彻落实习近平总书记关于厕所革命的系列重要指示，进一步推进厕所革命进程，按照《“十三五”旅游业发展规划》

《"十三五"全国旅游公共服务规划》要求，原国家旅游局制定了《全国旅游厕所建设管理新三年行动计划（2018—2020）》。

随着工作的推进，厕所革命逐步从景区扩展到全域、从城市扩展到农村、从数量增加到质量提升、从厕所封闭管理到开放管理，成为一项旅游基础工程、文明工程、民生工程。从 2018 年至 2020 年，全国共新建、改扩建旅游厕所 6.4 万座，其中新建 4.7 万座，改扩建 1.7 万座。推进厕所在地区间、城乡间、景区内外合理布局，提高厕所建设质量，健全厕所管理体制，推广厕所科技应用，提升厕所文明水平，实现"数量充足、分布合理，管理有效、服务到位，卫生环保、如厕文明"的新三年目标。

2015 年初，原国家旅游局印发了旅游厕所建设指南，指导各地加强旅游厕所建设。修订了《旅游厕所质量等级的划分与评定》国家标准，新修订的标准于 2016 年 8 月实施。新标准由旅游厕所原 1 星 ~5 星级改为 1A~3A，体现了反对奢华、注重实用的原则。增加了关于设置无障碍厕位和儿童厕位的要求，科学调整了男女厕位比例，推荐设立第三卫生间。

自驾游线路多位于城市建成区之外，对旅游厕所的环保性要求较高，应在保证实用性的基础上，积极引进厕所先进技术，特别是节能节水环保的技术。通过组织厕所技术创新大赛、厕所技术展等活动推动，涌现了一批实用的旅游厕所技术，经过总结主要有 8 种，分别是：多级生化组合电催化氧化厕所技术；膜生物反应器（MBR）厕所技术；以复合生物反应技术为核心的微水冲厕所技术；真空气冲技术；无水冲机械源分离厕所技术；微生物源分离技术；免水可冲技术；可生物降解泡沫技术。这些技术在部分旅游景区得到应用。为进一步推进"旅游厕所革命"的进程，文化和旅游部门、相关企业都在探索新的管理模式。

2. 垃圾分类收集

垃圾分类一般是指按规定或标准将垃圾分类储存、分类投放和分类搬运，转变成公共资源的一系列活动的总称。进行垃圾分类收集可以减少垃圾处理量和处理设备，降低处理成本，减少土地资源的消耗，具有社会、经济、生态等多方面的效益。

2019 年 6 月，习近平总书记对垃圾分类工作作出重要指示，推行垃圾分类，关键是要加强科学管理、形成长效机制、推动习惯养成。要加强引导、因地制宜、持续推进，把工作做细做实，持之以恒抓下去。要开展广泛的教育引导工作，让广大人民群众认识到实行垃圾分类的重要性和必要性，通过有效的督促引导，让更多人行动起来，培养垃圾分类的好习惯，全社会人人动手，一起来为改善生活环境作努力，一起来为绿色发展、可持续发展做贡献。

上海是第一个中国垃圾分类试点城市。2019 年 1 月 31 日，上海市第十五届人民代表大会通过《上海市生活垃圾管理条例》。条例确定了本市生活垃圾将按照“可回收物”“有害垃圾”“湿垃圾”“干垃圾”的分类标准。且规定：个人不按规定投放垃圾，拒不改正的，处 50 元以上 200 元以下罚款；单位混装混运的，处 5000 元以上 50000 元以下罚款。该条例自 2019 年 7 月 1 日起施行。

2019 年 5 月 29 日，北京市第十五届人大常委会第十三次会议上提出，将推动学校、医院等公共机构以及商业办公楼宇、旅游景区、酒店等经营性场所开展垃圾强制分类，并逐步实现全覆盖。2019 年底，新版《北京市生活垃圾分类指导手册》编制完成。

2019 年 6 月 25 日，固体废物污染环境防治法修订草案初次提请全国人大常委会审议。草案对“生活垃圾污染环境的防治”进行了专章规定。2019 年 9 月，国家机关事务管理局印发通知，公布《公共机构生活垃圾分类工作评价参考标准》，并就进一步推进有关工作提出要求。

按照相关计划，2019 年起，全国地级及以上城市全面启动生活垃圾分类工作，到 2020 年底 46 个重点城市将基本建成垃圾分类处理系统，2025 年底前全国地级及以上城市将基本建成垃圾分类处理系统。使垃圾分类成为长效机制，不仅要“政府重视，财政投入，科技支撑，文化引领，民众参与”五手联动，更需法律、行政、经济、技术、文化、教育等手段多管齐下，共同推进，以此实现绿色发展、循环发展、可持续发展。

（八）标识导引

关于标识导引，《标准》提出要求：

——在城市交通出入口或集散式停车场设置大型户外旅游交通图，配置交通流量实时显示屏。

——针对节假日自驾游高峰时期制定交通疏导和管理方案，并有效实施。

——道路交通标志和标线设置符合 GB 5768 的要求。

——设置简洁清晰、辨识度高、具有地方特色的自驾游交通标志。

——在道路上设置紧急救援信息标识，电话等联系信息真实有效。

——在道路上设置关于旅游景区、露营地、驿站等游览和服务设施的引导信息标识。

——标识符号符合 GB/T 10001 的要求。

1. 科学设置

标识导引是自驾游目的地重要的基础设施和公共服务载体。在设计和设置上，应遵循以下原则：

一是信息标识通俗易懂。应考虑地方特点，采用文字为主图形为辅的标识语言，进行高效导向指引；在目的地指引上，为了保障使用者在空间中的安全感，针对主要地理实体信息提供接近距离信息提示；要确定识别性的新型标准，如图形符号及文字的使用等；依据识别距离设定合理的文字大小。

二是功能性、先进性、美观性结合。外观采用满足视觉识别的造型，如木质、金属等；照明采用先进技术，达到节能要求；色彩依照国家标准，体现当地特色。

三是空间环境实用合理。通过色彩、造型灯等明确空间环境；通过信息的集约性设定信息节点；重点是具有高度识别性的出入口；空间布点合理有效。

四是规范性。相关国家标准主要是《标志用公共信息图形符号》GB/T 10001 系列、《公共信息导向系统要素的设计原则与要求》GB/T 20501 系列、《公共信息导向系统设置原则与要求》GB/T 15566 系列、《安全标志及其使用导则》GB 2894、《道路交通标志和标线 第 2 部分：道路交通标志》GB 5768.2 等。

2. 标识分类

自驾游的标识系统应考虑分为车辆标识与步行者标识两种。

车辆导向此项目涉及停车诱导系统，停车诱导系统是车辆导向标识的重要构成因素，它能够有效减少车辆访客因盲目寻找停车位等目的地而产生的重复交通流量，优化配置车辆资源，提高停车场的利用率，保障交通畅通。

停车诱导系统包括：

一级诱导标识（区域）：设置于诱导区域外围主干路上的停车诱导标识，主要向车辆访客提供区域内是否设置有停车场、停车场的位置以及道路通行情况等；

二级诱导标识（节点）：设置于区域内主要交通节点处，主要向车辆访客提供该交通节点附近停车场的名称、实时泊车位数、行车方向和距离等信息；

三级诱导标识（目的地）：设置于停车场入口附近路口处的停车诱导标识，告知车辆访客实时泊车位数及该停车场入口的具体位置。

步行者导向信息可分为三级，分别为：街区级导向信息、道路级导向信息、地理实体级信息；另外，还应包括警告提示类信息和寻路过程中的辅助信息。

（九）安全救援

关于安全救援,《标准》提出要求：

——有自驾游车辆救援机构或机制，及时提供救援服务。

——自驾游车辆救援服务可与保险公司、汽车 4S 店、自驾游俱乐部等机构合作建立。

——建立自驾游车辆救援服务机构名录，并作为公共信息提供。

——对自驾游车辆救援服务实行必要的价格和质量监管，保障自驾车游客权益。

——统筹制定自驾游线路突发事件应急预案，并开展跨区域协作。

——对旅游景区、旅游度假区等旅游活动聚集区制定自驾游突发事件应急预案。

——对大型的自驾游集结、节会、赛事等集中性活动，制定专项应急预案。

——对各项突发事件应急预案进行演练，每年演练次数不少于 2 次。

安全是旅游的生命线。安全保障和应急救援，对于自驾车旅游而言，更是重中之重的公共服务。近年来，自驾游集结的频率和规模越来越大。例如 2016 年 6~7 月，由多个自驾游俱乐部参与了历时 2 个月的万辆房车、自驾车“重走丝绸之路”系列活动。2016 年“十一”黄金周期间，阿拉善英雄会 9 月 28 日—10 月 5 日的入园车辆达到 30.8 万车次、人数 93.4 万人次，最高单日入园 9.5 万车次、28.5 万人次，创造了车友大活动集结的纪录。

自驾游规模的增长和自驾游 IP 的兴起，集结性的自驾游活动的数量越来越多，规模越来越大，对安全保障和应急救援的要求，也越来越高。148 号文件要求，参照旅馆业治安管理，严格落实自驾车旅居车营地住宿实名登记。加强自驾游和营地运营的安全管理，强化营地的安全防护和消防设施建设，明确消防安全主体责任。自驾游和营地服务人员上岗前要进行安全风险防范及应急救助技能培训。自驾游组织机构要对参与高风险项目的旅游者进行风险提示，并开展安全培训。加快自驾游呼叫中心和紧急救援基地建设，鼓励有条件的旅游企业建立专、兼职的紧急救援队伍。

自驾游目的地应在营地、驿站以及旅游景区等游客集中且存在安全隐患的地方安排安全巡视员。在旅游旺季，应在自驾游线路上安排安全巡航车，配备必要的消防、急救、应急通信设备等，及时发现风险，随时实施救援。

以下为中国旅游车船协会团体标准《休闲旅游用车租赁服务质量要求与评价》中对“应急救援”的要求：

——在租赁用车期间，因故障或事故不能正常行驶时，经营主体应按照合同约定，提供及时、有效的车辆救援服务。

——经营主体应完备应急救援预案。

a）应按租赁用车总数 1% 的比例预留待租车辆，总数不足 100 辆的预留 1 辆，以备承租人替换使用。

b）应按租赁用车总数 0.5% 的比例配备救援工作用车，不足 200 辆的配备 1 辆。

c）每辆救援工作用车应配备 2 名以上的专业救援服务人员。

d）应备有车辆易损配件、易耗油品、便携机具及通信、照明等应急用品，有序就位，便于随时取用。

e）开设并公布应急救援服务电话，保证线路通畅，24h 有人值守。

——在接到承租人的救援请求后，应准确记录情况并根据救援需求和救援预案立刻实施救援。

——事发地点在单程 50km 以内的，救援人员应在 1h 内抵达现场。超出此行程的，应向承租人预告抵达时间，或采取其他便捷的救助措施。

——故障车辆 2h 内无法恢复正常行驶的，经营主体应向承租人提供相同或相近功能和租价的临时替换车辆，或双方通过协商采取其他补救措施。

——故障车辆需要送修的，由经营主体负责送修和办理保险理赔，或者委托承租人到指定地点送修和办理保险理赔。

——因承租人责任造成车辆送修停运，经营主体依照合同向承租人收取停运损失费的，应向承租人明示修理项目以及修理工时等原始清单和数据。

——经营主体可与专业救援单位或汽车维修企业订立委托救援服务合同，保障及时、有效地实施应急救援。

（十）公共信息

应充分依托和利用各级旅游公共信息服务体系，结合自驾游的特点，提高信息服务的专业性和及时性。《标准》要求：

——设立自驾游信息咨询中心，或与旅游信息咨询中心合并设立，达到 GB/T 26354 的要求。

——设立自驾游公共信息服务平台，或作为旅游公共信息服务平台或城市公共信息服务平台的重要组成部分，由熟悉自驾游的专业人员管理和提供服务。

——通过移动互联网、移动通信等即时通信途径提供实时的自驾游公共信息服务。

——在广播电台设置自驾游栏目，及时发布自驾游预报和引导信息。

——在高速路出入口、自驾游集散中心、驿站等重要枢纽和站场的醒目位置，设立电子显示屏，及时发布通告公共信息。

——在自驾游集散中心、驿站、营地等自驾游聚集场所，提供旅游交通图、自驾游指南等公共信息资料。

1. 公共信息保障

旅游公共服务是指由政府或其他社会组织提供的，不以营利为目的，具有明显的共享性，满足旅游者共同需求的设施和服务。一般理解，旅游公共服务包括旅游信息、旅游安全、旅游交通、环境卫生等四大体系。旅游公共服务具有移动性强、季节性强、兼容性强等特点，主要面向海内外游客提供，由于信息不对称、社会文化差异等原因，公共信息服务尤为重要。

按照《"十三五"旅游业发展规划》，关于旅游公共信心服务，要推进旅游互联网基础设施建设，加快机场、车站、码头、宾馆饭店、景区景点、乡村旅游点等重点涉旅区域无线网络建设；到"十三五"期末，4A 级以上景区实现免费 Wi-Fi、智能导游、电子讲解、在线预订、信息推送等全覆盖。完善旅游咨询中心体系，旅游咨询中心覆盖城市主要旅游中心区、3A 级以上景区、重点乡村旅游区以及机场、车站、码头、高速公路服务区、商业步行街区等。

表 4-1　旅游公共服务体系构成

旅游信息	旅游安全	旅游交通	环境卫生
▶ 旅游网络信息服务 ▶ 旅游信息咨询：游客中心、信息亭、触摸屏、旅游地图、指南信息服务、移动短信服务、旅游呼叫中心服务（旅游热线、投诉电话） ▶ 旅游标识解说：公共信息符号、交通导引、旅游解说标识标牌、自助导游	▶ 旅游消费环境：购物、餐饮、住宿、娱乐等消费安全 ▶ 旅游安全设施：旅游区监控、消防安全、游乐安全、安全标识 ▶ 旅游安全机制：旅游应急预案、安全求助、旅游保险	▶ 旅游通道：旅游风景道、旅游慢行系统、无障碍通道 ▶ 公共交通：旅游专线专列、观光巴士、观光游船 ▶ 交通节点：旅游集散中心、旅游停车场、旅游站点、旅游码头、旅游机场（停机坪） ▶ 交通服务：自驾车营地、驿站	▶ 旅游厕所 ▶ 垃圾分类收集 ▶ 旅游环境卫生保持

注：根据《"十三五"全国旅游公共服务规划》整理。

结合自驾游的特点，公共信息的提供需要注意时效性、专业性和易读性。几乎所有的旅游目的地都有旅游网站、自媒体平台，但多数信息都已经陈旧过时，乃至是错误的，需要及时更新，避免产生误导。自驾游公共信息的收集和编辑，应由专业机构或专业人员来提供，符合自驾车游客的使用喜欢和偏好。很多地方的自驾游俱乐部有制作精良的“路书”，信息新，图像清晰，内容生动，受到自驾车游客的欢迎。设置在自驾游线路或者重要节点的大型交通图、显示屏的选址要容易发现，画面要容易识别，特别是一些安全警示或天气路况预报，要尽可能地减少广告等无效信息的干扰，尽可能高效充分地向消费者传递信息。

2. 采用新技术

当前，5G 通信、机器人、语音识别、图像识别等信息技术和人工智能技术逐渐成熟，新产品新技术正在加快推广。信息技术和人工智能为提高旅游公共信息服务提供了新的契机。

一是提高信息服务科技化水平。利用海内外流行的新兴媒体，构建符合全媒体要求的旅游公共信息服务平台。利用 5G 通信、北斗定位等技术，提升旅游安全风险的监测预警和应急处置水平。推动游客服务中心、旅游景区、住宿设施、购物场所等提供免费 Wi–Fi 服务，保障移动互联网络接入便利化。利用最新信息技术完善旅游公共服务的内部管理、服务提供、绩效评估等，提高旅游公共服务的水平和效率。

二是加强线上线下信息服务能力。在线下，强化各类旅游集散中心、咨询中心在信息咨询、宣传展示、票务预订等方面的多语种应对能力，构建专业性信息服务支援平台。在线上，优化提升“12301”等平台的多语种服务能力。鼓励民间企业开发建设具有公共服务属性的社会化自驾游服务平台，提供地图导航、语音翻译、预订支付、景点导览、天气避灾等信息服务。

三是推进人工智能应用。实施人工智能在自驾游公共信息、交通集散、标识导引等领域应用的重大项目，例如咨询机器人、导览机器人、智能化咨询中心，智能化营地和驿站、无人驾驶汽车、智能标识导引系统等。

（十一）质量管理

关于满意度和服务质量管理,《标准》提出如下要求：

——每年开展自驾游满意度调查。

——调查抽样数量和样本结构具有客观性和代表性。

——满意度调查内容设置科学、全面，反映游客诉求和地方特点，包括但不限于道路设施、交通管理、自驾游线路、标识导引、安全救援、营地、厕所、加油站、停车场、公共信息等。

——根据满意度调查结果及时优化自驾游产品，完善设施，改进服务。

——受理投诉迅速，记录翔实，处理得当，及时将结果向消费者反馈。

——自驾游经营者对投诉的受理和处理符合 LB/T 063 的要求。

——根据投诉情况及时加强管理，完善设施，改进服务。

进入新时代无论从市场需求、供给要素还是发展环境和政策规范来看，自驾游的粗放型、数量型增长阶段已经结束，需要适应供给侧结构性改革和全域旅游发展的需要，进入集约型、品质型的发展阶段。这种提质增效的特征，会越来越凸显出来。

在新时代，我国社会主要矛盾已经转化为人民日益增长的美好生活需要和不平衡不充分的发展之间的矛盾。在自驾游领域，已经初步形成了国家标准、行业标准和地方标准相辅相成的标准框架。标准和政策的实施效果好不好，自驾游的管理和服务供给好不好，最终的衡量标尺是人民群众满意不满意。

大数据已经成为政府和企业决策的重要依据。自驾游目的地应定期开展游客满意度调查，真实地收集和分析游客意见和评价，避免走过程和流于形式。通过对游客反馈和真实数据的分析，找出自驾游发展的症结和短板，有针对性地进行改进和完善。

投诉是最直接最准确的满意度信息传达，应按照《旅游经营者处理投诉规范》LB/T 063，认真受理，及时处理，有效反馈，保护消费者权益，保护经营者权益，保障自驾游市场在规范的环境下运转。

结束语

2019 年 9 月，文化和旅游部发布了《自驾游目的地等级划分》和《自驾车旅居车营地质量等级划分》两项行业标准，正式开始实施推广。结合之前出台的露营地、自驾游服务等相关国家标准、行业标准和地方标准，已经形成了点、线、面结合的标准体系。可以这样说，到 2019 年，自驾游领域的标准体系基本形成。

回顾自驾游的标准化历程，从最初的自驾游俱乐部、营地，到目的地基础设施与公共服务，再到目的地与营地等级，再到自驾游线路，非常明显地呈现出从点到面，从企业到政府，从商业经营服务到目的地公共服务的演进过程，这与自驾游活动从自发到自觉，宏观管理从支持促进到统筹协调的转变是分不开的，标志着自驾游正式进入品质化发展和目的地统筹的新阶段。

自驾游是个系统工程，完全符合文旅融合、全域旅游的发展要求，是引领旅游供给侧结构性改革，推动我国旅游产业向中高端迈进的重要载体。《自驾游目的地等级划分》LB/T 077，具有很强的指导性和操作性，应尽快制定实施细则，全面推广，通过推行标准化，提高自驾游目的地的管理和服务水平，提高国民大众的自驾游生活品质。

《自驾车旅居车营地质量等级划分》LB/T 078 解读

北京同和时代旅游规划设计院　付磊

一、出台背景

现代意义上的露营，是休闲露营，即不以生产、生活用途为目的的露营。国家和地方等多层面出台支持自驾游和露营的政策和规划。2014 年 10 月 29 日，李克强总理主持召开国务院常务会议，在国务院层面第一次鲜明地提出推进建设自驾车、房车营地。2016 年，国家十一部委共同印发《关于促进自驾车旅居车旅游发展的若干意见》。2018 年，中共中央、国务院《关于完善促进消费体制机制进一步激发居民消费潜力的若干意见》提出，支持邮轮、游艇、自驾车、旅居车、通用航空等消费大众化发展，加强相关公共配套基础设施建设。各省区市相继制定自驾游和露营发展规划，江苏、山东、广东等省将支持和促进自驾游、露营旅游列入到旅游条例中。

“十三五”时期是营地建设的集中期。按照《关于促进自驾车旅居车旅游发展的若干意见》(旅发〔2016〕148 号)，“到 2020 年建成各类自驾车旅居车营地 2000 个”。根据中国旅游车船协会的调查，截至 2018 年底，全国建成营业的自驾车旅居车营地有 540 家，在建的自驾车旅居车营地约有 388 家；合计 928 家。根据对 50 家露营地的抽样调查，2018 年每个营地平均接待量为 5 万人 / 年。由此推测，2018 年建成营业的 540 家营地接待规模为 2700 万人左右。

用标准化来规划和引导露营地的规划、建设、管理和服务，是国际上比较成熟的做法。国际露营协会（FICC）制定了国际露营协会营地设立标准。欧美各国根据自身的实际情况制定了自己国家的露营地标准，例如丹麦露营地星级评定标准、芬兰露营地的星级标准、德国露营地的分类评级标准、美国房车自驾车营地环境健康与卫生标准等。

总体看，与美国、欧洲数万家营地的存量相比，中国的露营地的数量依然偏少。露营在中国是一个新生事物，国外的模式可借鉴，但不可照搬。2015 年，我国的休闲露营地国家标准实现了零的突破，完成了《休闲露营地建设与服务规范》GB/T 31710 的第一批四个国家标准的制定，分别是导则、自驾车露营地、帐篷露营地和青少年营地。2019 年 9 月，文化和旅游部正式发布旅游行业标准《自驾车旅居车营地质量等级划分》LB/T 078，标志着自驾车旅居车营地进入到标准化、品质化的发展阶段。

二、结构和适用范围

《自驾车旅居车营地质量等级划分》LB/T 078（以下简称《标准》）规定了自驾车旅居车营地质量等级划分的依据和条件。本标准适用于以自驾车露营、旅居车宿营为主要旅游和休闲度假活动的营地。

按照《休闲露营地建设与服务规范 第 1 部分：导则》GB/T 31710.1，营地的类型有多种：根据进入营地所采用交通工具，可分为房车露营地、汽车露营地、骑行露营地（自行车 / 摩托车、马匹）和徒步露营地等；根据主要住宿设施的性质，可分为房车露营地、木屋露营地、帐篷露营地等；根据功能主题和服务内容，可分为专业露营地和综合型露营地等；根据所处自然环境，可分为山地露营地、森林露营地、湿地露营地、海滨露营地、草原露营地和沙漠露营地等。

《标准》的对象是自驾车旅居车营地，是根据进入营地的交通工具以及主要住宿设施的性质来确定营地种类。需要注意的是，中国的自行式旅居车的保有量还不多，2018 年虽然突破了 10 万辆，但是与美国千万辆级别的保有量相比，还是非常小的。现阶段，我国的大部分露营地是面向自驾车游客和居民休闲生活，服务的车辆也以小客车为主，如轿车、多用途旅行车（MPV）、运动型多功能车（SUV）、越野车等，这与国外营地以旅居车（RV）为主要服务对象的情况是不同的。

《标准》共有 6 章，分别是范围、规范性引用文件、术语和定义、等级划分的依据、等级划分的必备条件、等级划分的一般条件（图 5–1）。在结构上，借鉴了《旅游度假区等级划分》GB/T 26358、《旅游区（点）质量等级的划分与评定》GB/T 17775 等进行等级划分的旅游标准，与《自驾游目的地等级划分》LB/T 077 相衔接，体现了标准体系的规范性和衔接性。

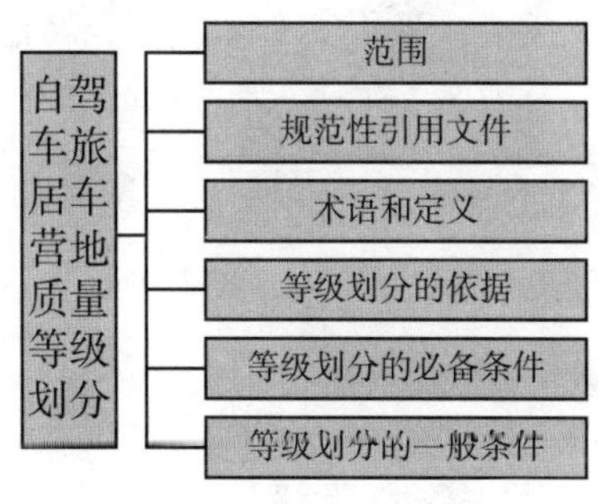

图 5–1 《标准》的总体结构

三、主要术语和定义

《标准》对自驾游地相关的术语和定义进行了界定，包括露营、露营地、旅居车、自驾车旅居车营地、营位、营区和营地服务中心等。

露营，是使用自备或租赁设备，以在野外临时住宿和休闲生活为主要目的的活动方式。与之相对应，露营地，就是有明确范围和相应服务设施的露营场所，简称为“营地”。

需要注意的是，这里的营地，是休闲和旅游功能清晰、持续运营、有一定接待规模的营地，不适用于因体育赛事、艺术节庆、展销展览等原因而建立的临时性营地，也不适用于因勘探、工程、科考、探险等事务而建立的生产性、生活性营地和野外露营区。

旅居车，是配备卧室、起居室、卫生间和厨具等基本生活设施，通过自力行驶或借助外力牵引行驶的交通工具，也称“房车”。有自带动力的旅居车，一般称为“自行式房车”；需要外力牵引的旅居车，一般称为“拖挂式房车”或“驻留式房车”。严格地区分，拖挂式或驻留式房车没有自动力，所以不是车，而是特种车厢，是车的一部分。与之对应，自驾车旅居车营地，是以小客车、旅居车为主要进入交通方式的露营地。

营位，是在营地内供露营者住宿和活动的独立区位。营区，是由多个营位组成，主要供车辆停泊、住宿和附属休闲活动的区域。可以看出，在一个营地里，营区由多个营位组成的。在实践中，为了安全和便利，特定类型的营位一般都集中设置在一起，构成有一定主题功能的营区，如帐篷营区、自驾车营区、旅居车营区、木屋营区等。

营地服务中心，是为露营者或自驾车游客集中提供入营和离营手续办理，具备查询、休息等公共设施和服务功能的场所。

四、等级划分和依据

营地的等级划分及标志，有采用星级的，如中国汽车摩托车运动联合会的《中国汽车自驾运动营地星级评定办法》，国际房车露营协会 FICC 的《营地分级设立标准》等。星级标志主要源自于住宿业。住宿业最有影响的等级标志是星级，相关标准是《旅游饭店星级的划分与评定》GB/T 14308。

旅游饭店的星级标志从 1988 年开始推行，至今历经 30 年岁月，已经为人所熟知。使用星级标志有个隐含前提，即营地跟饭店一样，属于宿业，也就是旅馆业。这与营地的实质是不相符的。营地是一种单独的新型业态，虽然有住宿的功能，但是并不是主体功能。住宿业是以人为服务对象的，而自驾车旅居车营地是围绕人和车为服务对象的，尤其是主要设施和服务是围绕车来设置的。营地是一个休闲场所，而不是住宿场所，这是需要明确界定的。

2018 年 4 月，文化和旅游部、财政部联合印发了《关于在旅游领域推广政府和社会资本合作模式的指导意见》（文旅发〔2018〕3 号），就调动更多社会资源参与旅游业发展，探索推广旅游 PPP 实施路径、发展模式及长效机制，提高旅游投资有效性和公共资源使用效益，建设一批旅游 PPP 示范项目作出全面部署。在重点领域里，明确提出了自驾车旅居车营地：依托交通集散地、景区景点等建设自驾车旅居车营地，加强水、电、气、排污、垃圾处理等基础设施和自驾游服务中心、环卫设施等配套建设。可见，自驾车旅居车营地具有旅游基础设施和公共服务设施的属性。

鉴于此，本《标准》将自驾车旅居车营地的等级划分为 3 个质量等级，以大写英文字母 C 为符号来表示。三个 C 表示 3C 级，四个 C 表示 4C 级，五个 C 表示 5C 级。C 的数量越多表示等级越高。等级划分包括必备条件和一般条件 2 类。其中必备条件规定了自驾车旅居车营地应具备的门槛条件。

“C”作为等级的标志，一方面来自营地和汽车的英文 Camp 和 Car 的首字母；另一方面代表了对营地 5 个方面的要求。这 5 个方面分别是：设施（Complex）；环保（Circular）；服务（Considerate）；交流（Communication）；个性（Character）。

“C”作为等级标志，体现了自驾车旅居车营地的服务对象和性质，蕴含了营地的基本功能和品质要求，也彰显文化与旅游融合的重要理念。如同“A”之于旅游景区，“星”之于旅游酒店，今后“C”将成为自驾游和露营旅游质量等级划分的主要标志。

五、必备条件

一个营地需要满足一定的必备条件，达到一定水准的服务设施和服务质量，才能保障基本功能的实现，保障消费者应有的权益，代表行业的品质和水准。

《标准》提出了 14 项必备条件：

——有独立法人资格，品牌加盟和代理机构不得使用其等级标识。

——正常营业满 2 年；已获得等级的营地，在本等级满 1 年后方可申请更高等级。

——选址和经营活动符合国家和地方对环境、资源和动植物保护的要求。

——所在位置安全、稳定，无污染源。

——规划设计方案依照程序审批备案，并得到有效实施。

——无违规、违法的建设及经营行为。

——有自驾车营位和旅居车营位，数量均不少于 20 个。

——有旅游厕所和废弃物收纳站。

——人行道与车行道相分离。

——交通、安全、服务等标识标牌及公共信息图形符号使用规范。

——配备消防灭火器材。

——有医务室和救援协作机制。

——有突发性事件应急预案和紧急疏散方案。

——有安防设施和安保人员。

这些必备条件，主要是关于经营资质、规划设计、安全保障、环境保护等基本要求。这是一个自驾车旅居车营地正常开业和规范运营的基础。

作为一种服务设施和经营场所，营地最为相关的、最重要的制度是规划、用地和生态保护，这是露营活动开展、设施建设和规范运营的前置性条件，必须遵循和满足的基础规则。

营地用地的合法性和规范性，一直是客观存在的问题。这个问题的产生，与营地业态较新，属性界定不清，以及多使用移动设施和临时设施有关；在规划、用地和立项等方面，投资者、管理者也有意识地选择了成本低、流程少、速度快的方式，由此出现了不规范乃至违法建设的现象。对于这种新兴业态，在监管上往往属于灰色区域，法规制度不健全，这也是重要原因。也确实存在打擦边球，打着露营地的幌子，搞商业乃至地产项目开发的事例。当前以及今后一段时期，多规合一、生态红线和规范用地，是营地发展必须要高度重视的三个关键词。

在用地方面，应严格按照《产业用地政策实施工作指引》《关于促进自驾车旅居车旅游发展的若干意见》（旅发〔2016〕148 号）的规定。规范用地、合法拿地，无疑会增加营地的建设和运营成本，但这是合法建设、规范运营所应该付出的必要成本。只有从源头就在正规的路径上行走，才能保障市场主体的合法权益和长治久安。

六、一般条件

《标准》设置了一般条件，包括规划设计、综合区位、资源环境、功能区设置、道路和停车场、服务中心和保障区、自驾车露营区、旅居车宿营区、特色功能区、旅游厕所、环境卫生、电力及照明、标志标识、安全保障、管理与服务等15个方面（见图5-2）。

图 5-2　营地的一般条件示意图

（一）规划设计

在规划设计方面，《标准》要求：

——充分衔接国土空间规划等相关规划，履行评审、报批或备案程序，且已有效实施。

——结合资源环境承载力和投资强度，科学测算接待规模和结构，合理设置营地的规模指标、设施结构和服务项目。

按照中共中央、国务院《关于建立国土空间规划体系并监督实施的若干意见》的要求，国土空间总体规划是详细规划的依据、相关专项规划的基础；相关专项规划要相互协同，并与详细规划做好衔接。今后一段时间，是国土空间规划制定的关键时期，在实际工作中，应科学预测、充分协调，将营地对资源、空间和土地需求合理体现在国土空间规划中，以保障营地的专项规划、详细规划的科学性和可操作性。

营地的合理选址是建设与运营的首要条件，要切实符合国土空间规划，符合生态保护的要求。露营地是依托资源、依靠环境来获得竞争优势的业态。位置和环境是营地的生命线。在追求环境和资源的同时，必须严格遵循生态红线管制的要求，任何侥幸心理和投机行为都是得不偿失的，必须予以杜绝。

营地规划要充分衔接上位规划，充分利用既有的基础设施，特别是土地利用规划，以及供电、给水、排水、废弃物处理等设施，这样可以保障规范用地，大量降低成本。如果基础设施完全自建，其投入会占到总投资的30%~50%。规划要充分考虑营地主题、建筑风格和文化融合。营地规划要结合生态承载力和投资强度，避免破坏生态环境或造成结构性浪费。

我国最早进入营地运营的是房车企业，与美国、欧洲的发展历程相似，目的是通过发展营地来推进房车销售和服务。我国早期的营地几乎照搬欧美的形态，只有服务中心和房车营位。随后，中旅集团、首旅集团等旅游企业以及奇瑞汽车等企业进入营地，逐渐意识到营地规划设计和空间布局的重要性，开始由专业公司进行营地规划和产品设计。但由于对缺乏市场研究和定位模糊等问题，导致营地同质化严重，或者成为木屋集装箱酒店、户外运动场乃至休闲农庄。

营地的特色和主题需要在规划设计之初就确定下来。这个特色和主题，与营地所在地、资源禀赋有直接关系，与业主的专长和偏好有直接关系，与主要市场群体的需求有直接关系，与投资额和营造技术也是直接相关的，需要统筹考虑，精心谋划，才能在建设的最初始阶段，为形成吸引力和竞争力奠定基础。

（二）综合区位

在综合区位方面，《标准》要求：

——营地与干线公路交通连接顺畅。

——在 1h 车程范围内有能够提供紧急救助的人员、设施和装备。

——位于或邻近旅游资源富集区，包括但不限于国家公园、自然保护区、自然公园、文化遗产地、旅游度假区、A 级旅游景区、乡村旅游区等。

酒店经营有句名言：成功的要素，一是位置，二是位置，第三还是位置。这同样适用于营地。营地的建设从定位和选址开始，包括营地的地理位置，自然、人文和社会环境，交通情况，核心资源关系，与客源地的关系等，由此形成具体的选址和规模决策及投资可行性研究。

作为自驾车旅居车营地，交通区位是第一位的，必须保证可进入性。营地与交通干线的距离未必很近，但要连接顺畅。尤其是旅居车，其车身比一般的小客车要长、要宽，对路况的要求也要高一些。

根据相关数据，心脏骤停 4 分钟内进行心肺复苏的救治成功率可达到 50%；严重创伤患者在伤后 1 小时内得到有效救治，死亡率可控制在 10%；发生急性心肌梗死时，如果在 1 个小时之内开通堵塞的动脉血管，死亡率只有 3.5%；急性脑卒中，黄金抢救时间 4.5 小时。

营地一般都位于城市的远郊区或者旅行途中，出现紧急情况的概率虽然不高，但是一出现就是高风险的，需要在选址阶段就能充分预估到。营地自身需要配置一些基本的救助药品和器材，综合考虑，在 1 小时车程范围内应有能够提供紧急救助的人员、设施和装备，例如医院或 120 急救车。这样在出现紧急情况时，可以最大限度地降低伤亡率。

2017 年 9 月，由中共中央办公厅、国务院办公厅印发了《建立国家公园体制总体方案》，明确建立国家公园的目的，就是为了保护生物多样，保护生态系统的原真性和完整性，提到要发展“自然环境教育和游憩”。根据相关信息，美国近半数的露营地是公共营地属性，而且很多露营地坐落在国家公园里，是国家公园里唯一合法的宿营场所。营地是生态友好、融入自然的服务设施，是与国家公园天然适应的自然环境教育基地和游憩服务设施，在资源环境保护的前提下，成为国家公园重要的配套设施，是符合可持续发展要求的。

营地的特点是“亲近自然，回归自然”，资源区位尤为关键。好营地应该位于或邻近旅游资源富集区。营地是对地貌和环境影响最小的服务业态，可设置在相对敏感的自然地。近年来，各地在建设生态文明过程中，形成了大量生态空间，例如郊野公园、湿地公园、森林公园等，在国家公园体制的深化推广下，也会带动各地在这些生态功能区发展营地，满足国民享受生态文明成果的需求。

（三）资源环境

在资源环境方面，《标准》要求：

——户外环境舒适度好，适宜开展户外运动。

——空气环境质量达到 GB 3095 中的一类环境空气功能区的标准。

——地表水环境质量至少达到 GB 3838 中的Ⅲ类水指标。

——滨海型营地邻近海域的海水水质至少达到 GB 3097 中的第三类海水水质标准。

——环境噪声满足 GB 3096 中 0 类声环境功能区的限值。

人们在营地里的大部分活动是在户外开展的。白天野炊，夜晚观星，是露营活动非常重要的内容，也是营地休闲与酒店住宿、景区观光等旅游活动最大的区别。因此，对所在地的环境质量，尤其是空气、水体和声环境的要求较高。

人们热衷于露营生活的一个主要动机，就是逃离喧嚣的都市，逃离烦扰的工作，回归自然，融入自然。人与自然高度和谐，是营地与酒店、度假村等服务设施最大的区别。业界常说，在营地里生活，“唯一的噪声是鸟鸣，唯一的污染是花香”。拥有了好的综合区位和资源环境，一个营地就成功了一大半。

按照《环境空气质量标准》GB 3095，一类区为自然保护区、风景名胜区和其他需要特殊保护的区域；一类区执行环境空气质量标准的一级标准。

按照《地表水环境质量标准》GB 3838，依据地表水水域环境功能和保护目标，按功能高低依次划分为五类：Ⅰ类主要适用于源头水、国家自然保护区；Ⅱ类主要适用于集中式生活饮用水地表水源地一级保护区、珍稀水生生物栖息地、鱼虾类产卵场、仔稚幼鱼的索饵场等；Ⅲ类主要适用于集中式生活饮用水地表水源地二级保护区、鱼虾类越冬场、洄游通道、水产养殖区等渔业水域及游泳区；Ⅳ类主要适用于一般工业用水区及人体非直接接触的娱乐用水区；Ⅴ类主要适用于农业用水区及一般景观要求水域。

根据《海水水质标准》GB 3097，按照海域的不同使用功能和保护目标，海水水质分为四类：第一类适用于海洋渔业水域，海上自然保护区和珍稀濒危海洋生物保护区；第二类适用于水产养殖区，海水浴场，人体直接接触海水的海上运动或娱乐区，以及与人类食用直接有关的工业用水区；第三类适用于一般工业用水区，滨海风景旅游区；第四类适用于海洋港口水域，海洋开发作业区。

根据《声环境质量标准》GB 3096，按区域的使用功能特点和环境质量要求，声环境功能区分为五种类型：0 类声环境功能区，指康复疗养区等特别需要安静的区域；1 类声环境功能区，指以居民住宅、医疗卫生、文化教育、科研设计、行政办公为主要功能，需要保持安静的区域；2 类声环境功能区，指以商业金融、集市贸易为主要功能，或者居住、商业、工业混杂，需要维护住宅安静的区域；3 类声环境功能区，指以工业生产、仓储物流为主要功能，需要防止工业噪声对周围环境产生严重影响的区域；4 类声环境功能区，指交通干线两侧一定距离之内，需要防止交通噪声对周围环境产生严重影响的区域，包括 4a 类和 4b 类两种类型；4a 类为高速公路、一级公路、二级公路、城市快速路、城市主干路、城市次干路、城市轨道交通（地面段）、内河航道两侧区域；4b 类为铁路干线两侧区域。

（四）功能区设置

在功能区设置方面，《标准》要求：

——基础功能区包括出入口、服务中心、停车场、自驾车露营区、旅居车宿营区、服务保障区、废弃物收纳与处理区。

——可设置木屋住宿区、帐篷露营区、儿童游乐区、户外运动区、露天活动区、商务活动区、宠物活动区等特色功能区。

——各功能区之间的内部交通联络通畅，并通过绿化带等方式进行适度隔离。

从初见端倪到接近千家，我国的露营地发展速度也是很可观的。但对照国家标准看，情况并不乐观。不少项目其实并不是营地，或者说是“伪营地”。相当一部分实际上是带有露营功能的酒店和度假村，或者是有房车营位的景区。当然，这些形态的出现，只要是符合市场需求，经济效益可行，就是合理的。这种模式的实质是“+露营”，就是在既有形态上增添露营要素，主要是增加营位，包括房车、木屋、帐篷等。

在《标准》中，对营地的组成结构是很明确的，例如基础功能区，包括服务中心、停车场、自驾车露营区、房车宿营区等，这是自驾车营地应该必备的功能区，也是一个营地之所以成为营地的必要条件。同时，根据自身的条件，营地可设置帐篷露营区、户外运动区等特色功能区，以此形成营地之间的差异。在营地中，营位是基本元素，若干营位加上附属休闲空间，组成了营区，例如房车营区、自驾车营区、帐篷营区、木屋营区等。几个营区加上服务保障、特色功能区等，组成一个完整的营地。

从对功能区设置的要求上，可以看出本《标准》的一个主要特点，既提出了自驾车旅居车营地通用的基础性规范要求，也突出强调了彰显特色，塑造差异，以避免营地出现千篇一律、雷同建设。这样鼓励提供多样化的特色休闲项目，并有助于提高营地经营管理的综合效益。

（五）道路和停车场

在道路和停车场方面，《标准》要求：

——营地进出道路与主要公路交叉口位置合理，易于发现、识别。

——车辆的驶入和驶出通道分开，人员与车辆的进出通道分开。

——在入口处设置临时停车区，满足大型车辆、特种车辆和高峰时期车辆停泊的需求。

——结合营地容量和游客需求，合理设置内部停车场的车位数量和结构。

——内部道路遵循人车分离、宜曲不宜直的原则。

——尽端式车行道路的回车场满足相应车辆的转弯半径需要，设置符合 GB 50067 的要求。

——内部常规车行道限速不超过 10km/h。

——道路两侧进行绿化，道路交叉口的绿化不影响视线。

——有能满足散步、慢跑、骑行（自行车、电瓶车等）功能的绿道系统。

道路和停车场，是自驾车旅居车营地最重要的基础设施。道路解决车辆和人进出的问题，停车场解决营地的容量问题。其中有个重要的条件，就是“人车分离”。营地接待对象的特点是“人车一体”，即人与车是一起抵达以及离开营地的，但在营地休憩和活动期间，需要“人车分离”，其出发点，就是安全。基于相同原因提出的要求，还有营地内的道路宜曲不宜直，车行限速 10km/h，道路交叉口的绿化不影响视线。

人车分离是指人行交通和车行交通分离，各行其道。其基本内容是：将道路上的人流和车流按各行其道的原则，从空间或时间上予以分隔，使其互不干扰。其实现的条件包括：①有必要的工程设施满足人流和车流空间分离的需要。②有必要的交通信号控制设备满足人流和车流时间分离的需要。③有相应的交通法规作为交通行为的准则。④有严格的交通管理作为人车分流的保障。其实施的措施有：①将人行交通和车行交通组成两个独立的系统，在其交叉处设置人行天桥或过街地道。②将人流很大的商业街安排为步行街，禁止车辆通行，或时间性禁止车辆通行。③在信号控制的交叉口同时设置行人信号，或在车行路段上设置行人过街信号，或在车行路段上设置人行横道线（通常为斑马线）等。它是交通系统管理中的常用措施。

营地内停车的选择是多样的，可以是营位，也可以是停车场。一个营地的容量与其营位的数量直接相关的。有多少营位，对应就有多大容量。但在旺季接待时，经常会出现游客或车辆数量超出营位数量的情况，有时候还会接待团队大巴车；在特定情况下，还要停泊垃圾收集车、给水车、消防车以及旅游团队大巴车等大型车辆。这就需要在出入口或者服务区设置专门的停车场。通过营位和停车场的分区设置，在保障露营需求的同时，满足管理维护和特殊情况的需求。

营地应毗邻服务中心设置停车场，结合正常时段接待容量和休闲活动规模，科学设置车位数量和结构。停车场宜铺设草坪或做生态型硬化处理，分区和流线标识清晰醒目，设回车线。停车场宜有车辆清洗设施和故障维修点，可安装监视器或设专人管理，预防车辆丢失或其他安全事故发生。

根据《汽车库、修车库、停车场设计防火规范》（以下简称《规范》）GB 5006，消防车道的设置应符合下列要求：消防车道应为环形，当设置环形车道有困难时，可沿建筑物的一个长边和另一边设置；尽头式消防车道应设回车道或回车场，回车场的面积不应小于 12m × 12m；消防车道的宽度不应小于 4m。其中对回车道或回车场的规定是根据消防车回转需要而规定的，各地可根据当地消防车的实际需要确定回转的半径和回车场的面积。我国消防车的宽度大多不超过 2.5m，消防车道的宽度不小于 4m 是按单行线考虑的。许多火灾实践证明，设置宽度不小于 4m 的消防车道，对消防车能够顺利迅速到达火场扑救起着十分重要的作用。《规范》还规定，停车场的汽车宜分组停放，每组的停车数量不宜超过 50 辆，组之间的防火间距不应小于 6m。

（六）服务中心和服务保障区

在服务和保障方面，《标准》要求：

——位置合理，与出入口道路和其他功能区连接顺畅，便于人、车集散和服务衔接。

——建筑体量适宜，与环境协调，风格有特色。

——使用生态环保的建筑材料。

——夜晚照明良好，具有建筑标志性和视觉导向性。

——前台接待空间充足，服务岗位数量与接待容量相适应。

——配备宽带或无线上网、信息自助查询、移动通信设备充电等设施。

——配备无障碍设施和通道。

——提供购物、洗衣、餐饮、租赁等服务。

——设置医务室，配备基本药品、设备，能进行救急治疗。

——有供自驾游领队、导游、大客车司机等服务人员休息的场所。

——有展示和体验营地文化的空间或场所。

服务中心和服务保障区是营地的中枢。从根本上说，人们在营地里应该是以自助服务为主，包括扎营、宿营、活动等。这也是营地与酒店等住宿设施的重要差别。在现阶段，我国实现完全自助服务的条件还不够，尤其是人们的出行和露营习惯还没形成。即便是在完全自助服务的环境下，服务中心和服务保障区也是需要的。在美国、欧洲的成熟营地里，绝大部分项目都是自助服务，但依然设立服务中心和服务保障区。

服务中心在选址、建筑形式、服务内容等方面都要体现出“中枢”的功能。服务中心应与出入口道路和其他功能区连接顺畅，与各个营区的距离适宜，便于人、车集散和服务衔接。服务中心一般都是营地的标志性建筑，体现营地的主题和文化，具有鲜明的视觉导向性。

在日常经营中，自驾车游客往往都是车队抵达，集中办理等级手续会发生等待和拥挤。因此，服务中心的建筑体量应适宜，内部空间使用率高，使用面积与接待规模、服务功能设置相适应；前台接待空间充足，服务岗位数量与接待容量相适应；有适宜的空间和设施供露营者等待和短暂休息。服务中心的通风和光照条件好，温度和声音环境舒适，室内绿化、装饰和展陈应体现营地的特色和主题。

服务保障区一般与服务中心合并设置，包括管理办公和后勤服务等功能。管理办公区规模适宜，满足常驻人员工作需要。后勤服务方面，设置购物店，提供基本生活用品和相关休闲物品；提供洗衣服务，提倡露营者自助洗衣；设置公共餐厅，提倡露营者自助烹饪；提供医疗服务，配备基本急救药品，能进行救急治疗；设置布草换洗和易耗资料储备间，保障日常更换更新。结合特色休闲活动，能提供相关器材、设备的租赁服务。可设置会议室和商务中心，满足露营者特定商务活动和交流需求。

（七）自驾车露营区

关于自驾车露营区,《标准》要求：

——每个自驾车营位由停车位和帐篷位组成，占地面积适宜，一般不小于 $50m^2$。

——自驾车营位数量适宜，一般不少于 20 个。

——停车位做地表生态硬化，标线清晰。

——帐篷位一般高于地面 15cm 及以上，在雨水多或潮湿的地方高于地面 30cm 及以上。

——车辆停泊后的两车间距一般不小于 2m，有绿化带或美观的栅栏隔离。

——营位配备遮阳遮雨伞、自助烹饪炉或烧烤设施、户外餐桌椅等设备器材及安放处。

——营区配备电源、照明、给排水和垃圾收集设施。

——营区配备公共使用的厕所、洗漱池、淋浴间。

现阶段，我国的旅居车保有量较低，自驾游的主体工具依然是小客车，包括轿车、越野车、运动型多功能车（SUV）、多功能旅行车（MPV）等。电动汽车等新能源车的数量也越来越多。为迎合自驾游主要群体的需求，营地应设置自驾车露营区，提供一定数量的小客车营位。

营位最直接地体现了营地服务对象是“人车一体”的。按照自驾车露营的需要，确定营位由停车位和帐篷位组成，即游客进入营位停车后，即可用自带或者租赁帐篷开展宿营活动。如果与自驾车停车位组合的是木屋或者集装箱，则是木屋住宿单元或者集装箱住宿单元，而不是自驾车营位。这个需要区别清楚。

作为营位，需要有一定私密空间和休闲设施。《标准》要求，临近的两个营位要有适宜的间距，距离最近的停车位间距要不小于 2m，中间要有绿化带或美观的栅栏隔离。作为自驾车游客，小客车的运载量有限，不可能携带充足的露营设施设备。营位配备遮阳遮雨伞，有自助烹饪炉或烧烤设施、户外餐桌椅等设备器材，或者设置适宜的安放处，供游客使用自带设备器材。

作为一个自驾车露营区，自驾车营位数量应适宜，根据实地考察和经验数据，一般不少于 20 个。小客车不同于旅居车，缺少自带的起居和卫生设备。作为营区，为便于露营者使用，还应具备一些公共设施，要配备电源、照明、给排水和垃圾收集设施，以及公共使用的厕所、洗漱池、淋浴间。根据很多营地的实践经验，这些设施设备宜为智能化的，露营者通过投币或者扫码即可使用，可以节约成本，提高效率。

（八）旅居车宿营区

关于旅居车宿区,《标准》要求:

——旅居车宿营区由自行式旅居车营位和拖挂式旅居车营位组成。

——自行式旅居车营位和拖挂式旅居车营位各自分区设置。

——旅居车营位数量适宜，一般不少于 20 个。

——每个旅居车营位由停泊位和附属休闲区组成，占地面积适宜，一般不小于 $80m^2$。

——旅居车停泊位地面做生态硬化，排水良好，道路出入角度适宜。

——旅居车停泊后的两车间距一般不小于 3m，有绿化带或美观的栅栏隔离。

——铺设给排水管网，以及电源、网络等综合管线，合理设置管线与旅居车设备的接口。

——营位配备遮阳遮雨伞、自助烹饪炉或烧烤设施、户外餐桌椅、垃圾收纳箱、消防设备器材及存放场所。

——在营区合理位置设置公共厕所、垃圾分类收纳箱等。

中国旅游车船协会的调查数据显示，2018 年，全国旅居车总销量为 51626 辆，这里面包括自行式房车、拖挂式房车、商务房车、帐篷房车及营地房车；截至 2018 年底，中国旅居车保有量达到 100458 辆，这是首次超过 10 万辆大关。从发展规律看，从 0 到 1 是最难的阶段，一旦突破后，从 1 到 10，再到 100，就会呈现出加速态势。2018 年 9 月，中共中央、国务院《关于完善促进消费体制机制进一步激发居民消费潜力的若干意见》中明确提出，支持邮轮、游艇、自驾车、旅居车、通用航空等消费大众化发展，加强相关公共配套基础设施建设。可以预见，随着基础设施和公共服务的提升，消费理念的普及，生产能力的提高，管理制度的优化，旅居车的销售量也将迎来爆发式增长。

在前景可观的同时，也要客观地看到现状。虽然近年来，在路上看到旅居车的概率大大增加，大众对房车也不再像以前那样感到新奇，但是与美国千万辆的保有量相比，我国的旅居车保有量依然太低。这意味着在营地中，自行车旅居车的服务概率还是比较低的。因此,《标准》中明确，旅居车宿营区由自行式旅居车营位和拖挂式旅居车营位组成，而且考虑到安全保障和管理便利，自行式旅居车营位和拖挂式旅居车营位各自分区设置。

从实践看，目前各地营地里的旅居车宿营区里，大部分营位是拖挂式旅居车营位，即为营地自身提供的旅居车，平时就驻留在营位上，供宿营者使用。自行式旅居车营位，是为自己驾驶旅居车的游客服务的，在不使用的时候，营位上并没有车辆停泊。由于自行式旅居车的保有量低，现阶段为其准备的营位数量也就较少。为节约场地，满足需求，很多营地专门设置了旅居车停车场，配备水电桩，专供自行式旅居车使用。

规范的旅居车营位，由停泊位和附属休闲区组成。停泊位道路出入角度应适宜。很多营地的旅居车营位道路的出入角度过小，车辆进出非常不方便。由于旅居车车身大，盲区多，临近营位上往往有露营者，这很容易发生危险。《标准》将临近的营位之间的距离设置为旅居车停泊后的两车间距不小于3m，要求有绿化带或美观的栅栏隔离，除了保障私密空间，减少相互干扰外，也是为了保障缓冲空间，提高安全性。

旅居车停泊后，需要加水、充电，以及排水和卸掉废弃物。我国的旅居车有进口车、国产车，相关技术规范还未形成，水电接口的位置差别较大。《标准》要求营位要铺设给排水管网，以及电源、网络等综合管线，并考虑欧式、美式等不同的旅居车类型，合理设置管线与旅居车设备的接口。

与自驾车露营区的要求相似，营位需要配备一些休闲设施和公共设施。结合旅居车自身的特点，与自驾车露营区相比，旅居车宿营区应增加消防设备器材及存放场所，但无须配置共用的洗漱池、淋浴间。

（九）厕所和环境保护

关于厕所和卫生,《标准》要求：

——在服务中心、服务保障区和露营区设置旅游厕所，在其他功能区根据实际需求设置。

——厕所达到 GB/T 18973 中相应等级的要求。

——垃圾收集箱数量满足需求，分布合理。

——全面实施垃圾分类收集，对废弃电池、污油等危险废弃物专门回收。

——设置废弃物收纳站，位置与其他功能区有一定距离，位于营地下风处，有绿化带隔离。

——对污水、废弃物及时外运，进行无公害化处理。

——有污水处理设施，排放符合 GB 8978 的要求。

2016 年 8 月，新修订的《旅游厕所质量等级的划分与评定》GB/T 18973 正式实施，新标准由旅游厕所原 1 星 ~5 星级改为 1A~3A，体现了反对奢华、注重实用的原则；增加了关于设置无障碍厕位和儿童厕位的要求，科学调整了男女厕位比例，推荐设立第三卫生间。

营地多位于郊野，缺少给排水等市政基础设施，对厕所的环保性要求较高，应在保证实用性的基础上，多采用节能节水环保技术。在旅游厕所革命中，出现了一批实用的旅游厕所新技术。根据 2017 年的《厕所革命：技术与设备指南》，主要有 8 种：多级生化组合电催化氧化厕所技术；膜生物反应器（MBR）厕所技术；以复合生物反应技术为核心的微水冲厕所技术；真空气冲技术；无水冲机械源分离厕所技术；微生物源分离技术；免水可冲技术；可生物降解泡沫技术。

对于营地而言，在服务中心和服务保障区的厕所可以是建筑本身内设的，在营区以及休闲活动场所，移动厕所是重要的选择。现在移动厕所的种类也很丰富，按照移动方式划分，有吊装搬运型和动力拖挂型两种，其中动力拖挂型也就是车载厕所，其机动性更强。污水处理方式节水冲型、免水打包型、泡沫封堵型、微生物降解型等。目前技术已经进入成熟阶段，可以推广。

垃圾分类收集是建设生态文明的重要内容，已经进入立法程序，势在必行。按照相关计划，2019 年起，全国地级及以上城市全面启动生活垃圾分类工作，到 2020 年底 46 个重点城市将基本建成垃圾分类处理系统，2025 年底前全国地级及以上城市将基本建成垃圾分类处理系统。

营地本身无法进行垃圾处理，主要是做好垃圾的分类收集。需要注意的是，垃圾收集箱要数量适宜，分布合理，造型美观，结实耐用，防雨、防腐、阻燃，实施分类收集；废弃物收纳站要与其他功能区有一定距离，位于下风处，且有绿化带隔离；收纳设施设备应齐全，场地清洁、无异味。为减少垃圾产生量，应采用价格、奖励、服务等手段，鼓励露营者自带日用品，比如盥洗、餐具等，减少或杜绝一次性用品。应引导鼓励露营者将自己产生的垃圾带走处理。

旅居车一般有三个水箱——清水箱、灰水箱和黑水箱。清水箱为日常使用的干净水，例如煮饭、洗澡用水；灰水箱用来收集洗澡、洗菜后的废水；黑水箱收集的是厕所污水。灰水箱和黑水箱的废水、污水均不能随意和直接排放，在营地需要进行收集和集中处理。营地所产生的以及营地收集的废水、污水，均应杜绝直接排放。

营地应设置小型污水处理设施，排放符合《污水综合排放标准》GB 8978 的要求。《污水综合排放标准》GB 8978 按照污水排放去向，分年限规定了 69 种水污染物最高允许排放浓度及部分行业最高允许排水量。与之关联且与营地关联的还有《海水水质标准》GB 3097 和《地面水环境质量标准》GB 3838。

根据 GB 8978 的要求——排入 GB 3838 Ⅲ类水域（划定的保护区和游泳区除外）和排入 GB 3097 中二类海域的污水，执行一级标准；排入 GB 3838 中Ⅳ、Ⅴ类水域和排入 GB 3097 中三类海域的污水，执行二级标准；排入设置二级污水处理厂的城镇排水系统的污水，执行三级标准；排入未设置二级污水处理厂的城镇排水系统的污水，必须根据排水系统出水受纳水域的功能要求，分别执行相应等级规定；GB 3838 中Ⅰ、Ⅱ类水域和Ⅲ类水域中划定的保护区，GB 3097 中一类海域，禁止新建排污口，现有排污口应按水体功能要求，实行污染物总量控制，以保证受纳水体水质符合规定用途的水质标准。

（十）特色功能区

关于特色功能区,《标准》要求：

——可设置帐篷露营区，设施和服务符合 GB/T 31710.3 的相关要求。

——可设置木屋 / 集装箱住宿区，设施和服务达到 GB/T 14308 中二星级的必备条件，卫生状况符合 GB 9663 的相关要求。

——可设置面向青少年的训练营区，设施、设备、管理和服务符合 GB/T

31710.4 的相关要求。

——可设置儿童游乐区，游乐器材和设施安全、可靠，符合 GB 8408 的相关要求。

——可设置户外运动区，提供水上运动、低空运动、拓展训练、徒步、骑行等场地和服务。

——可设置露天活动场，开展聚会、篝火、电影等聚集型休闲活动。

——可设置手工制作、宠物、种植、采摘等互动体验场所。

——根据需要，按照突出特色、增进体验和生态环保的原则，设置其他特色功能区。

营地本身的结构并不复杂，加之帐篷、旅居车等设备大同小异，因此很容易千篇一律，缺乏自身的特色，从而给经营带来困难。营地的经营和效益是建立在吸引力基础上的。吸引力，需要有独特性和差异性，一方面来自区位和环境等先天因素，另一方面来自规划和项目这些后天因素。后天因素中的一个重点就是特色功能区。

2019 年中国车船协会收集了 50 家营地在 2018 年的信息，数据显示：平均总营位数量为 368 个，平均每个营地有自驾车营位 159 个，旅居车营位 68 个，帐篷营位 151 个，木屋或集装箱营位 18 个；26% 的营地除自驾车、帐篷、房车和木屋营位外，还有其他宿营设施，如贝壳房、树屋、星空体验屋、联排别墅、蒙古包等；除提供营位外，均提供休闲活动和娱乐项目，其中儿童游乐设施和亲子项目居多；38% 的营地提供采摘、真人 CS、全地形车等活动，超过 59% 的营地有篝火晚会、特色节会。

由于较好的可塑性和环保性，木屋和集装箱是近年来很流行的建造素材。营地可以用来作为服务设施，辅之以创意，能够达到出奇的效果。如果是用于住宿，鉴于其建筑形式具有不可移动性，应参照《旅游饭店星级的划分与评定》GB/T 14308 和《旅店业卫生标准》GB 9663 来执行。严格来说，如果木屋和集装箱住宿单元占到主体的话，那么就不再是营地，而是木屋度假村或集装箱酒店了。

《休闲露营地建设与服务规范 第 3 部分：帐篷露营地》GB/T 31710.3 和《休闲露营地建设与服务规范 第 4 部分：青少年营地》GB/T 31710.4 分别对两种形态的营地提出了规范。作为自驾车旅居车营地，可以参照标准中的相关技术要求，设置帐篷营区。需要注意的是，帐篷营位地面应高于周围地面 15cm 及以上，在雨水多或潮湿的地方应高于地面 30cm 及以上，以便于防虫、防潮。

根据国际经验，青少年是最为重要的露营人口，营地如果能满足青少年的需求，其竞争力也就更强。《休闲露营地建设与服务规范 第 4 部分：青少年营地》对相关指标规定的比较全面和细致。例如，集体宿舍、活动室、实验室等场所的规模和设施要求，户外教育区、军事训练区、户外体育区、宿营区等功能区的规模、设施和项目设置的要求；专门针对管理人员提出技能、资质和数量配置要求，以及运营流程、安全防护等方面的规范，并在附录中对训练项目、设施给出了技术规格和主要参数指标。

作为一个自驾车旅居车营地，可参照标准，设置青少年训练营区，要结合青少年的身心特点，以集中管理和训练为主要形式，既要体现挑战性，又要保障安全。针对年龄更小的人群，可以设置儿童游乐区，提供安全、可靠的游艺设施和参与项目，需要满足《大型游乐设施安全规范》GB 8408 的要求。

（十一）电力及照明

关于电力和照明,《标准》要求：

——优先使用风能、太阳能、水能等清洁能源供电。

——电力线路埋地敷设。

——配备应急照明设施或工具。

——照明采用分线路、分区域控制。

——灯光照度分配合理，兼顾照明、景观、夜空观察与舒适度等要求。

——出入口、服务中心、服务保障区有醒目的室外照明，引导性强。

营地多位于郊野，电力供给未必能有保障，需要因地制宜，多管齐下，保障必要的能源供应。在水资源比较丰富的地方，水电是最为适宜的能源，技术也最成熟。风能、太阳能作为补充能源，相关技术也已经比较成熟，适宜在营地推广使用。为保障安全和视觉效果，电力线路应做地埋敷设。

光照强度指单位面积上所接受可见光的光通量，简称照度，单位采用勒克斯（Lux 或 lx），用于指示光照的强弱和物体表面积被照明程度的量。《建筑照明设计标准》GB 50034 规定了新建、改建和扩建的居住、公共和工业建筑的一般照度标准值，主要是适用于城乡建筑空间的照明。

对于营地而言，还不能直接搬用相关标准。很多露营者的直接诉求就是在夜晚可以看到星星，而灯光则会显著影响观星的效果。随着夜经济的开展，城市夜晚越来越美，灯光照明下的不夜城越来越多，很多人到营地恰是为了体验黑夜中的安静生活。因此，要按照营地的分区进行合理分配，兼顾照明、景观、夜空观察与舒适度等要求。

但出入口、服务中心等主要建筑的夜晚照明效果要好，便于露营者发现，以获得服务，同时也是重要的导向标志。营地位于郊野，缺乏夜晚照明。开展夜晚活动的露营者很容易迷失方向。一个营区里的营位形态往往都是相同的，如帐篷营位或者房车营位，在夜晚也不易识别和寻找。因此主要建筑在夜晚的室外照明同时也起到位置导向标志的作用。

（十二）标志标识

关于标志标识,《标准》要求：

——营地及进出道路设置规范、醒目的公共信息和交通引导标识，符号标志符合 GB/T 5845.2 的要求。

——公共信息图形符号符合 GB/T 10001.1 和 GB/T 10001.2 的要求。

——营地及其周边环境中安全标志的设置和内容符合 GB 2894 的要求。

——消防安全标志设置符合 GB 15630 的要求，标志内容符合 GB 13495 的要求。

——在临近自然或人工水域的地段，设置醒目、规范的安全标志，符合 GB/T 25895.3 的要求。

——标志标识牌采用坚固、耐用的生态或仿生态材料，外观与环境协调。

标志标识是营地重要的基础设施和服务载体。交通引导信息和标志要规范，醒目，便于驾驶者识别。安全标识要突出，切实起到警示警告作用。标志标识牌的外观采用满足视觉识别的造型，色彩依照国家标准，体现营地特色。

关于标志标识的国家标准较多，主要有:《标志用公共信息图形符号》GB/T 10001 系列、《公共信息导向系统要素的设计原则与要求》GB/T 20501 系列、《公共信息导向系统设置原则与要求》GB/T 15566 系列、《安全标志及其使用导则》GB 2894、《城市公共交通标志 第 2 部分：一般图形符号和安全标志》GB/T 5845.2、《道路交通标志和标线 第 2 部分：道路交通标志》GB 5768.2、《消防安全标志 第 1 部分：标志》GB 13495.1 等。

消防标志是最重要的标志之一，需要认真对照《消防安全标志设置要求》GB 15630 来设置。例如：消防安全标志应设在与消防安全有关的醒目的位置；标志的正面或其邻近不得有妨碍公共视读的障碍物；除了必需之外，标志一般不应设置在门、窗、架等可移动的物体上，也不应设置在经常被其他物体遮挡的地方；尽量用最少的标志把必需的信息表达清楚；方向辅助标志应设置在公众选择方向的通道处，并接通向目标的最短路线设置；设置的消防安全标志，应使大多数观察者的观察角接近 90°。

很多营地是滨水或滨海的，自然水域有很大的安全隐患。《水域安全标志和沙滩安全旗 第 3 部分：使用原则与要求》GB/T 25895.3 就是一个很重要的水上活动安全的标准。例如，关于沙滩安全旗，该标准确定有绿旗、红旗、黄旗、红黄条形旗、黑白方格旗、红白方格旗等多种，其中，当水环境适宜于游泳和其他水上活动时，使用绿旗；当存在危险时，使用红旗；黄旗为警告信号；红黄条形旗标识有救生员巡逻；红白方格旗表示人们宜离开所在水域。

（十三）安全保障

关于安全保障,《标准》要求：

——制定突发性事件（如地质灾害、气象灾害、火灾等）应急预案、紧急疏散方案，并定期演练。

——对突发性事件反应迅速，处理及时、妥当，档案记录准确、齐全。

——建筑物防火设计按照 GB 50016 的标准执行，灭火器材配备和设计符合 GB 50140 的要求。

——存在火灾隐患的区域，按要求设置消火栓，并放置消防器材（如灭火器、水桶、沙箱等），放置消防器材的红色箱子摆放在醒目位置。

——主要建筑及室外空旷场所设置防雷设施，符合 GB 50057 的要求。

——设置防盗围墙、围栏。

——配置安防监控设备。

——结合场地环境类型配备救生员和救生设备。

——与附近医院建立稳定合作关系，能及时运送患者、伤者就近治疗。

——有专职保安人员，进行 24 小时巡视。

——与辖区公安机关之间的报警系统快捷有效，能处理突发性治安事件。

——定期进行安全检查，做好记录，及时消除各类安全隐患。

安全是旅游的生命线。营地多处于郊野区域，加之设施多为临时性或移动性的，对安全保障的要求也就更高。营地的安全保障，除了在管理和服务上要谨小慎微、防微杜渐，还应从选址和规划环节就作为重点研究的对象。按照《休闲露营地建设与服务规范 第 2 部分：自驾车露营地》GB/T 31710.3，在选址上，要远离易发生地震、滑坡、山洪、泥石流、海啸等自然灾害的地域；营地距离城市或城镇到营地的车程时间宜为 3h 以内，不宜超过 4h；营地周边 1h 车程范围内应有提供必要救助的设施或条件。

本部分涉及的标准有《建筑设计防火规范》GB 50016（2018 年版）和《建筑物防雷设计规范》GB 50057。《建筑设计防火规范》分 12 章和 3 个附录，其中与营地关联度最高有：平面布置防火分区与防火分隔、建筑防火构造、防火间距和消防设施设置的基本要求；工业与民用建筑的疏散距离、疏散宽度、疏散楼梯设置形式、应急照明和疏散指示标志以及安全出口和疏散门设置的基本要求；木结构建筑和城市交通隧道工程防火设计的基本要求；建筑供暖、通风和空气调节和预防电气火灾的线路等方面的防火要求等。

（十四）管理与服务

关于管理与服务，《标准》要求：

——管理制度齐全，工作有章可循、有据可查。

——对服务承包商有明确的质量要求，履行监管责职。

——对投诉的受理和处理符合按 LB/T 063 的要求。

——员工参加培训，考核合格后持证上岗。

——员工服装分类清晰且有特色，佩戴统一的工牌标识。

——能快捷高效地提供预订、入住、保洁、离营等基础服务。

——能提供代客泊车、票务代订、旅游向导、技能指导、车辆清洗和故障维修等附加服务。

——有 24h 值班的服务电话。

——采取必要的生物、物理和化学措施，减少蚊、虫、蚁、鼠等有害生物烦扰。

——有特色节会活动。

——为当地居民提供就业岗位。

——优先向当地居民采购食物、材料或外包服务。

作为一个新兴业态，营地的管理和服务也是一个新命题。就业态而言，营地是一个跨界的复合体。营地有酒店服务的特点，但对象是人车合一，而且鼓励自助露营。营地有景区的特点，但过夜宿营是核心吸引力。营地有体育运动的内容，但不构成基础的要件。由此，在相关部门对营地的政策和规定上，也存在较大差异，例如有的文件要求对自驾车房车营地项目用地按照旅馆用地管理，有的文件要求将开展旅游经营的各类营地纳入景区序列登记管理。

总体来看，营地的管理和服务，是兼具酒店接待和景区体验的特点，同时又带有明显的自助、共享的新经济特征。基于此理念和特点，本《标准》只是在制度规则和基本服务上提出要求，为营地的经营管理者留出充分的空间，鼓励创新、创造，形成体现营地自身特点的服务体系。

为降低经营成本，同时带动当地经济发展，外包服务是营地经常采用的方式。一个具备规模的营地，可以有力带动所在地乡村的物产销售和人员就业。《标准》鼓励采用服务外包，但要将质量放在第一位。一方面，在同等条件下，优先采购当地物产，优先使用当地人员。另一方面，要明确提出质量要求，切实履行监管责职。一个营地可以联合其他营地，形成联合体，实施集体采购、集体外包，可以提高议价能力，有效地降低成本，对地方的拉动力也更大。

需要强调的是，在互联网时代下，“互联网 +”已渗透到各行各业，“智慧营地”

是顺应时代发展必然的趋势，亦是提升服务品质的重要途径。营地与互联网的结合，强调以互联网思维变革露营地，通过互联网平台，建立营地大数据生态体系，打造全方位智慧化营地，服务于各方参与者。通过“互联网 +”的大数据，使服务便捷化、营销精准化、管理精细化。

结束语

《自驾车旅居车营地质量等级划分》LB/T 078 的实施，标志着露营旅游进入到品质化、品牌化发展的新阶段。开展等级划分后，营地具备了差异化、细分化的条件，这为经营者、投资者和消费者创造多赢局面奠定了基础。

有利于提升营地服务和管理质量。自驾车旅居车营地在起步阶段便蓬勃发展，大量企业和机构涌入，服务和管理水平参差不齐。通过实施《标准》，使业界熟悉和了解营地建设和服务的基本规范，以便快速提升服务能力、服务质量。

有利于促进营地项目投资建设。作为新生事物，营地规划建设和投资经营缺乏可参照的标准。本《标准》让投资者了解选址布局的基本原则，功能区设置的基本要求，掌握营地服务的必备设施和条件，提高营地投资的可行性。

保障露营旅游者权益。通过《标准》的实施推广，规范市场主体经营行为，为露营者提供满意的产品和服务；同时提升露营者的自我防范意识、权益保护意识和文明消费意识，保障露营旅游者的正当权益不受侵害。

露营体现了人们回归自然的本能，营地是天人合一的美好家园。《标准》的发布和实施，将进一步促进和规范自驾车旅居车营地这一新兴业态，为国民大众提供更加美好的自驾游和露营生活！

自驾游标准化的郴州实践

郴州市文化旅游体育广电局　吴其龙
郴州市自驾游与露营房车协会　何建雄

郴州市位于湖南省东南部，地处珠三角和武汉城市群、海西经济圈和成渝经济圈的地理中心，现辖 2 区 1 市 8 县，总面积 1.94 万平方公里，总人口 528 万。是中国有色金属之乡、中国温泉之城、矿物晶体之都。境内的京广高铁、京广铁路、京港澳高速、京港澳高速复线、宜凤高速、厦蓉高速、衡武高速、平汝高速、107 国道、106 国道等交通干线，构筑了“七纵三横”出境大通道和对内大循环，基本形成全域旅游“快进慢游”旅游交通的骨架与体系，解决了自驾旅游主要交通干道的畅通性和郴州市各主要景区可进入性问题。经过全市上下多年努力，郴州经济社会发展日新月异，先后成功创建中国优秀旅游城市、国家园林城市、国家卫生城市、国家交通管理模范城市、国家可持续发展议程创新示范区等。郴州区位优越、交通便捷、风光旖旎、生态良好，是理想的自驾车旅居车旅游目的地。

一、郴州市自驾游发展情况

（一）建立健全自驾游政策服务体系

郴州市委、市政府高度重视自驾车旅居车旅游产业发展，相继出台了《郴州市全域旅游促进办法》《郴州旅游奖励暂行办法》《郴州市旅游民宿管理办法》《关于加快推进全域旅游发展的实施意见》《关于加快推进郴州旅游形象推广和市场整体营销工作的若干意见》，将自驾游及相关产业发展作为促进全域旅游的一种有效载体，从自驾车旅居车的旅游产品、旅游精品线路开发等方面给予政策扶持和资金奖励，不断推进旅游交通路网等基础配套设施的标准化建设、不断提升管理服务专业化、精细化、标准化水平，构建了较完善的自驾游发展政策、基础设施和服务保障体系。

（二）开发了丰富多样的自驾游产品

以推进全域旅游为契机，坚持“政府引导，企业参与，游客满意”的原则，结合郴州市各县市区自身特色，打造了一批特色乡村、特色农业休闲体验线路和景点。根据不同入城口、春夏秋冬不同季节，依托公路编制建设了不同路径的自驾游网格化精品线路约 10 条。针对流经两县两区西河沿途的丰富乡村旅游资源，郴州市出台了《郴州市西河风光带旅游区发展总体规划》《郴州市西河 11 个重点村落休闲旅游修建性详细规划》，建设了 100 多公里的西河风光带，沿途打造了一大批特色乡村旅游景点产品。

（三）营造了浓厚的自驾旅游发展氛围

2015 年，郴州市成立了郴州市自驾游与露营房车协会，该协会是全国唯一一个全职专岗致力于自驾游产业发展的市级社团组织，是国内率先展开“城市自驾旅游基础设施及服务”理论研究的单位之一，已进行了 12 个大课题 200 余个小课题的研究，撰写的 10 篇论文分别发表于《中国旅游报》《中国旅游车船协会论坛》《中国自驾游年度报告》。2016 年，在中国旅游车船协会自驾游与露营房车分会指导下成立了中国第一支“善行乐购”自驾游专项扶贫车队，将自驾旅游与特色农产品销售有机结合，开展了丰富多彩的系列主题活动。仅 2017 年就组织 150 余台自驾车规模的“善行乐购”活动 12 场次，创造自驾旅游扶贫资金千余万元，通过自驾车“后备箱”计划为自驾游扶贫提供了实践经验。2018 年，由中国旅游车船协会、中国旅游景区协会主办的第七届全国自驾车旅游发展峰会在郴州市举办，郴州市被中国旅游车船协会授权为“自驾旅游创研基地”。与此同时，由湖南省文化和旅游厅、中国旅游车船协会自驾游与露营房车分会指导，郴州市自驾游与露营房车协会承办的“南方房车露营大会”也拉开了帷幕，截至 2019 年，该大会已连续举办两届。每届大会均规模宏大、参与者众多、影响广泛，第二届房车露营大会吸引了中南五省和粤港澳大湾区近 100 家俱乐部和房车经营机构参加，云集各类房车 200 台，搭建帐篷近千顶。南方房车露营大会不仅声势浩大，还注重规范化、标准化建设，出台了《露营活动组织服务规范》团体标准。给湖南省乃至全国房车露营类活动起到了很好的示范作用，现南方房车露营大会已成为湖南省重大旅游活动项目。

二、自驾车旅居车旅游发展情况

（一）率先实施，推动自驾游国家行业标准的贯彻落实

2017 年，原国家旅游局发布了国家行业标准 LB/T 061—2017《自驾游目的地基础设施与公共服务指南》，郴州市迅速贯彻落实，将北湖区 65 公里郴仰公路及 5A 级景区东江湖环湖 100 公里公路作为自驾游基础设施及公共服务标准化建设试点公路，根据国家行业标准 LB/T 061—2017《自驾游目的地基础设施与公共服务指南》，在全国率先开展了标准化自驾旅游道路规划和建设，在道路沿线建设了自驾游服务中心、集散中心、露营地、旅居车营地、公共厕所、房车水电供给排污系统、驻车观景台、无线电覆盖系统、救援中心、自驾车维修站、便捷加油站、自行车道、徒步游道以及自驾游扶贫导向系统等 14 个公共服务设施，国家行业标准 LB/T 061—2017《自驾游目的地基础设施与公共服务指南》在郴州市得到了有效落实。

（二）大胆探索、进行了基础设施建设和管理服务标准化推广

郴州市根据国家行业标准 LB/T 061—2017《自驾游目的地基础设施与公共服务

指南》、LBT 044—2015《自驾游管理服务规范》等，结合湖南省和郴州市实际情况，进行自驾游基础设施建设和管理服务标准化研究，颁布了 DB43/T 1490—2018《旅游目的地自驾游与房车露营公共信息图形符号》，DB43/T 1713—2019《自驾游活动组织服务规范》和 DB43/T 1714—2019《自驾游领队服务规范》3 个标准。编制完成了《自驾旅游服务中心基础设置和服务规范》和《自驾旅游路书编写技术规范》，目前正进行《露营活动组织服务规范》《自驾旅游导航员服务质量要求》《水资源区自驾旅游线路公共基础设施及服务指南》等标准的研究制定工作，为自驾游精品线路的管理运营提供技术支撑。以上标准对自驾游活动的组织机构、服务内容、岗位职责等提出了具体和明确要求，以及与之相对应的专业机构的合作模式、合作内容、形式等提出了服务质量标准。东江湖环湖公路和郴仰公路的运营管理中，针对约 5 个专业性较强岗位编制了岗位责任制和岗位服务规范，使郴州市的自驾游服务实现了全域自驾游管理标准化和规范化。2019 年，湖南省文化和旅游厅、湖南省市场监督管理局共同授权郴州市自驾游与露营房车协会成立了全国第一个湖南省自驾旅游与露营房车行业标准化技术委员会。

（三）开拓创新、促进了自驾游产业的健康发展

一是创新性地编制公共信息图形符号等地方标准。编制了湖南省标准 DB43/T 149—2018《旅游目的地自驾游与房车露营公共信息图形符号》。该标准将单一标识标牌导向功能与自驾车途中管理功能相融合，将 GB/T 10001.2—2006《标志用公共信息图形符号 》与自驾游新业态、新名词、新政策相融合，编制了“集结区、驻车观景台、房车营地、露营地”等新业态图形符号。该标准共创造了 26 个新的公共图形，填补了行业标准空缺，极大地方便了自驾车队的运行和管理。DB43/T 1713—2019《自驾游活动组织服务规范》依照自驾游活动组织的流程来进行逐层编写，其层次清晰、环环相扣，标准即提出了服务质量和规范要求，又是活动组织的教科书和培训材料。标准以 LBT 044—2015《自驾游管理服务规范》为指导蓝本，进行了适合湖南具体情况的新标准编制、细分了 LBT 044—2015《自驾游管理服务规范》概述标准部分，增加了活动组织与管理的篇章，详细的规定了湖南省自驾游活动组织的基本要求、行前

准备、集结、发车、途中、目的地、应急处置、散团、服务评价与持续改进的服务要求，形成以动态管理服务为主体的新标准 DB43/T 1713—2019《自驾游活动组织服务规范》。DB43/T 1714—2019《自驾游领队服务规范》对领队进行了准确的领队基本要求、岗位服务范围的描述和定义，给出了自驾旅游发展的核心岗位服务质量要求，建立了完整的领队岗位奖罚管理制度、考评方案、培训方案、领队的各项岗位责任制，是我国自驾旅游新业态的第一个岗位要求类标准，为规范自驾游活动组织夯实了技术基础。二是结合扶贫攻坚。在助力乡村振兴的基础设施建设中，遵循发展自驾游产业为脱贫攻坚助力的思路，基础设施建设过程中得到了当地政府和村民的大力支持。郴仰公路的自驾游集散中心就利用省级贫困村老旧村屋和废弃打谷场进行改造，将打谷场修整升级为生态停车坪，老旧房屋改造成民宿，增加公共厕所、露天洗手台、农副产品销售点。对有条件的地方，沿途对房屋外墙进行 3D 艺术装饰，建设了休闲农业观光点及相关配套设施，据初步统计，郴仰公路沿线农民人均收入已翻近 2 倍，沿线贫困户已稳定脱贫。三是坚持生态优先发展理念。按照国家行业标准 LB/T 061—2017《自驾游目的地基础设施与公共服务指南》，根据郴州创建生态环保模范城市和国家可持续创新议程示范区的要求，自驾游发展中始终坚持“生态优先”理念，建设了旅居车水电供给排污系统，严禁使用化学洗涤的环保洗车场，驻车观景点和停车区域分类垃圾投放处等环保设施设备。

郴州市已逐步构建了一个以路网体系为支撑、以城郊资源为依托、以营地特色、以节点为枢纽的自驾旅游公共基础设施和服务的标准化体系。2018 年，郴仰公路和东江湖环湖公路已成为湖南省自驾旅游基础设施标准化建设和环湖服务示范路，北湖区作为湖南省唯一县区成功入选第四批全国旅游标准化试点单位。2018 年，郴州市接待各类游客 7206.73 万人次，同比增长 16.92%，实现旅游综合收入 658.74 亿元，同比增长 23.43%，两项指标均局全省第二位。

2020 年，郴州市以市文化旅游广电体育局为牵头单位，组织了城市规划、工程设计、自驾游经营、景区等行业单位，形成自驾游新业态专业指导班子，依照文化和旅游部发布的《LB/T 077—2019 自驾游目的地等级划分》标准，重点对东江湖旅游目的地进行专项规划和对“标”建设，对已建设完成的王仙岭国际房车露营地和永兴长鹿自驾车营地依照《LB/T 078—2019 自驾车旅居车营地质量等级划分》进行对“标”改建和完善，力争实现 2021 年东江湖旅游目的地评选为全国首批国家级自驾游目的地，王仙岭国际房车露营地和永兴长鹿自驾车营地评选为 5C 级营地的目标。

责任编辑：林小燕
责任印制：冯冬青
封面设计：中文天地

图书在版编目（CIP）数据

中国自驾游发展报告. 2018~2019 / 中国旅游车船协会编著；刘汉奇，付磊主编. — 北京：中国旅游出版社，2020.6

ISBN 978-7-5032-6478-8

Ⅰ. ①中… Ⅱ. ①中… ②刘… ③付… Ⅲ. ①旅游业发展－研究报告－中国－2018-2019 Ⅳ. ①F592.3

中国版本图书馆 CIP 数据核字（2020）第 068457 号

书　　名：中国自驾游发展报告（2018—2019）

作　　者：中国旅游车船协会　编著
　　　　　刘汉奇　付磊　主编
出版发行：中国旅游出版社
（北京建国门内大街甲 9 号　邮编：100005）
http://www.cttp.net.cn　E-mail:cttp@mct.gov.cn
营销中心电话：010-57377108　010-85166536
排　　版：北京中文天地文化艺术有限公司
印　　刷：三河市灵山芝兰印刷有限公司
版　　次：2020 年 6 月第 1 版　2020 年 6 月第 1 次印刷
开　　本：787 毫米 × 1092 毫米　1/16
印　　张：9.5
字　　数：147 千
定　　价：58.00 元
I S B N　978-7-5032-6478-8